LES NOUVEAUX MEMOIRES D'UN HOMME-DE-QUALITÉ.

Par M. le M··· de Br··.

Ludit in humanis divina potentia rebus. Ovid. De Pœtis, eleg. 3.

Première Partie.

Imprimé À LA HAIE,

Et se trouve à PARIS,

Chés { la veuve DUCHESNE, rue Saint-Jacques, au Temple-du-Goût; &
De-HANSY, libraires, même rue, près celle des Mathurins.

M. DCC. LXXIV.

AVERTISSEMENT
DES LIBRAIRES.

Un homme-de-diftinction, & cher
à la Litterature, nous a confié ces
Memoires, que nous regardons
comme très-autentiques. Les évènemens, pour la plupart, font de la
fin du règne de Louis xiv ; mais
une longue vie a permis à l'Auteur
de prolonger fon Hiftoire jufqu'à
nos jours.

Au merite effenciel de la verité,
l'Ouvrage que nous publions joint
celui de renfermer des traits pi-
quans & peu connus, racontés dans
le ftyle fimple & naturel d'un homm-
me-du-monde. L'on y trouve une
tournure d'efprit abfolument neuve,
& des vues, qui tout extraordinai-

res qu'elles font dans un Père *, ont une élevation qui pourrait les faire excuser. Enfin, s'il est vrai que les Anecdotes & la singularité flatent toujours l'esprit des hommes, nous avons lieu d'esperer que le Lecteur goûtera les Memoires de M. d'YRAN, & ne blâmera pas la hardiesse du titre que nous leur avons donné.

(*) On fait le trait de ce Gentilhomme, qui proposait sa Fille pour maitresse à LOUIS XIV deja vieux, & la sage reponse de ce Monarque.

A
MADAME
D***

Madame,

L'HOMMAGE de ces MEMOIRES Vous était dû à tous les titres : Mais Vous m'avez interdit ces details, & je m'arrête.

Cependant, qu'il me soit permis de parler de vos qualités personnelles & de vos appas.

Votre beauté Vous rend digne de l'empire du monde : votre en-

joûment, votre esprit, votre caractère, & sur-tout votre cœur Vous
mettent audessus de toutes les Personnes de votre sexe.

Vous êtes genereuse, & je dois
à votre activité bienfesante mon
triomphe sur des hommes avides,
.... Si l'on peut Vous deviner,
sous le voîle qui Vous cache ici,
l'on conviendra que la Nature,
d'accord avec la Fortune, Vous
a donné la beauté la plus touchante, l'esprit le plus fin, le goût
le plus exquis, les sentimens les
plus nobles, le cœur le plus sensible; Et que la Fortune y a joint
la plus enviée de ses faveurs.

Je suis avec un profond respect,

MADAME,

Votre, &c.........

LES NOUVEAUX
MEMOIRES
D'UN
HOMME-DE-QUALITÉ.

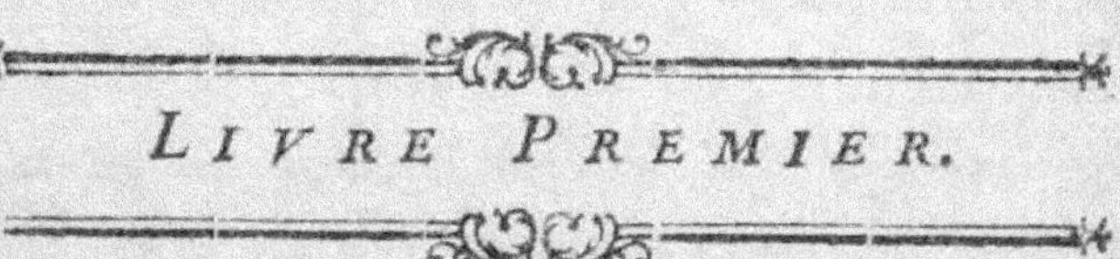

LIVRE PREMIER.

EN DONNANT ces Memoires, je ne prétens pas à la qualité d'*Auteur*, quoique j'en fasse beaucoup d'estime ; il est trop difficile de la bien soutenir : Je n'ai d'autre but que de raconter simplement des choses peut-être assés extraordinaires, pour fixer l'attention, independament du style. J'espère, en consideration de cet aveu, qu'on me pardonera quelques negligences, avec les Épisodes frequens, & peut-être trop longs, qu'un homme-de-l'art aurait évités. J'entre en matière.

I Partie.   A

M.me *D'YRAN*, qui fut fans-contredit une des moins jolies femmes de fon fiè- cle, & qu'un cœur excellent ne garan- tiſſait pas de quelques travers dans l'eſprit, ſ'avisa, lorſqu'elle était enceinte de moi, de quitter ſon Mari, & de ſe retirer chés ſes Parens. Le ſingulier prétexte dont elle couvrit ſa demarche, c'était qu'un des plus grands Seigneurs de France, épris de ſes charmes, avait eu pour elle la même courtoisie qu'*Alexandre-le-grand* pour la belle *Thaleſtris*. Je ne ſais trop d'où lui venait cette imagination, que je n'aurais pas rapportée, ſans les bruits desa- vantageux qu'elle occaſionna ſur ſon compte, & ſans le trait qu'elle eut avec mon entrée dans le monde. La médisance publiait que le Seigneur en queſtion étant venu chaſſer dans notre voisinage, mon Père l'avait engagé d'une manière ſi preſ- ſante & ſi polie à choisir ſa maison pour y paſſer la nuit, qu'il avait accepté l'of- fre : l'onajoutait que ma Mère, charmée de la bonne-mine de cet Hôte illuſtre, ſ'était dérobée pour l'aler trouver dans sa chambre; & que ce grand Seigneur sentant une Femme à ses côtés, n'avait pas voulu faire le cruel.

Quoi qu'il en soit, mon Père (Gentilhomme de bonne maison, mais pauvre, enterré dans un arrière-fief, où il vivait de sa chasse, & du peu de bien qu'il n'avait pas mangé au service du plus ingrat de tous les Maîtres; je veux dire M. le *Prince* (1), qui dans ses revoltes mettait en usage les promesses les plus flateuses pour se faire des creatures, & qui se souvenait à-peine de leurs noms quand il rentrait dans son devoir): mon Père, dis-je, surpris du travers de sa Femme, qui depuis vingt ans de mariage n'avait été rien moins que coquète, & rassuré d'ailleurs par une chose qui lui parut essencielle, le manque d'agrémens, menagea si bien sa Moitié, qu'elle retourna chés lui avant que leur mesintelligence éclatât. Ainsi je vins au monde sous la bonne-foi du mariage.

Je fus élevé dans un ex-château, &

------

(1) Le Grand Condé.

j'eus pour précepteur le Curé du village.
J'avais pour compagnons d'étude, les fils
d'un riche Fermier des environs, dont je
pris les manières & la façon-de-penser : je
préferais un fusil à mes Livres ; & ce goût
degénerant en passion, je devins la terreur des grives & des moineaux, ani-
meaux pacifiques, qui attendent tranquil-
lement sur une branche qu'on les tire à-
bout-portant : insensiblement j'augmentai
d'adresse, & j'attaquai les lièvres & les
perdrix : enfin mon courage ne trouva
plus que les loups & les sangliers qui
fussent dignes de l'exercer.

Pendant que je perdais ainsi les premières années de mon enfance, ma Mère,
qui n'avait fait que dissimuler ses idées
sur mon illustre origine, tâchait de m'inspirer l'élevation, ou plutôt la vanité,
qui, selon elle, devait y repondre.
—Mon fils (me disait-elle) vous êtes né
pour toute autre chose que ce que vous
faites aujourd'hui ; vous vous repentirez
un jour de vous *encanailler*, & de vous
avilir avec des Paysans——. Je parvins in-

fenſiblement à la croire ; quelques Livres de Chevalerie me tombèrent ſous la main : je les lus, je les devorai ; l'envie d'apprendre, de me diſtinguer, de briller, me ſaiſit tout-à-coup ; malheureuſement j'épuiſai trop vite la ſcience du bon Curé, qui ſe bornait à faire de mauvais Prônes, que je ſus bientôt mieux que lui. Qu'on me paſſe le trait que je vais rapporter.

Un jour de Touſſaints, par un froid exceſſif, le bon Prêtre étant monté en chaire pour debiter à ſes Paroiſſiens, ſuivant ſa louable coutume, un long & fort ennuyeux ſermon, la mémoire lui manqua tout au commencement, & jamais il ne put dire que ces mots : *Le feu de la charité.* Il me regardait, il geſticulait ; enfin, après ſ'être tourmenté, bien inutilement, il me dit tout-haut de lui faire retrouver le fil de ſon diſcours. ——*Le feu de la charité*, dis-je alors, *puiſſe-t il nous échauffer, chers Auditeurs ; aujourd'hui, dans cette Église, & dans le Ciel, pendant toute l'éternité bienheureuſe ; que je vous ſouhaite, au nom du Père*, &c. L'exorde & la peroraison plurent à tout le monde ; & pendant quelque temps il ne fut parlé d'autre chose dans tout le village.

On augura de cette espièglerie, que j'aurais de l'esprit, & mes Parens me mirent en pension dans une ville prochaine, où les Jesuites avaient un Collége ; je passai par toutes les classes, & je soutins, après un Cours de Philosophie de deux années, des thèses avec assés d'applaudissement.

Mon Père, dans le delâbrement de ses affaires, n'avait point aliéné le droit de collation d'un certain Benéfice qui valait douze ou quinze-cents livres de rente : voyant que ce serait le plus liquide du bien qu'il pourrait me laisser, il me vint prendre un beau-matin pour me mener à l'Évêché. Le Prélat était un peu de nos parens ; j'en fus bien reçu. Entr'autres questions qu'il me fit, après m'avoir vanté l'excellence & la douceur de l'État ecclésiastique, il me demanda si je ne serais pas charmé de m'enrôler sous l'étendart du Seigneur. Et sans me donner le temps de m'expliquer (car il voyait à ma mine que ma réponse ne serait pas conforme à ses intentions), il me fit apporter tout l'attirail d'un Aspirant à la Tonsure. Ensuite, pour faire les choses dans les règles. —*Qu'est-ce que la vocation*, me dit-il ? —Monseigneur (lui repondis-je sur-le-champ) , dans les autres c'est une inspiration du Ciel ; dans moi, c'est la volonté de Votre Grandeur & celle de mon Père—. Ni l'un ni l'autre ne firent-semblant de m'entendre. J'endossai l'habillement clerical. On fesait une Ordination ce jour-là, & j'y jouai un personnage auquel je ne m'attendais guère en me levant.

Quelque temps après, on resolut de m'envoyer à Paris, pour étudier en Sorbonne. Le Possesseur du benéfice dont j'ai parlé venait de mourir, & j'en avais reçu *l'investiture*. Ma Mère, qui n'avait ôsé me detourner de cette profession, esperant que je deviendrais un jour Cardinal & même Pape (la bonne Dame ne savait pas que les Français sont exclus de la Thiare), me glissa quelques doubles-louis qu'elle avait amassés en cachette, m'ex-

hortant à me fouvenir de ce que j'étais.
A ce petit mot, qui fe reffentait de fon
ancienne manie, elle ajouta des avis fa-
ges, & veritablement maternels :

—Mon cher fils, me dit-elle, vous
alez dans une ville où la fainteté de votre
état ne met pas à l'abri des piéges des
Coquètes : Fuyez ces fortes de Femmes ;
évitez même celles qui font honnêtes,
dès qu'elles feront jeunes & belles ; le
danger ne ferait pas moindre. Vous def-
cendez, par mes Ancêtres, d'un Anglais
qui en fit une cruelle experience, & qui
fut obligé de changer la devise qu'il avait
adoptée, HONNI SOIT L'AMOUR, en
celle-ci, que vous entendrez, *OMNIA
VINCIT AMOR*. Comme vous ne par-
tirez que demain, je crois à-propos de
vous raconter cette Hiftoire, telle que je
la tiens de mon Grandpère—. Ma Mère
m'ordonna de fermer la porte, afin que
nous ne fuffions pas interompus, & commença d'une manière plus hiftorique &
plus favante qu'on ne devrait f'y attendre.
Je protefte que je ne change à fon recit,
que quelques phrases un-peu furannées.

LES
DANGERS DE L'AMOUR.

« LE règne de CHARLES VI a été le plus malheureux que la France ait jamais vu. Ce Prince, à quî l'ardeur du Soleil, ou une vision extraordinaire, près du Mans, avait fait tourner la tête, tomba dans une veritable demence, & cet accident eut de terribles suites. Les Ducs d'Orleans & de Bourgogne, l'un frère & l'autre oncle du Roi, voulurent chacun avoir la Regence du Royaume, qui était due au premier, & en vinrent à une guerre ouverte, durant laquelle une deplorable anarchie confondit tout : les plus vils Artisans, des Laboureurs (tels que les Pères de ces Garsons qui jusqu'ici vous ont traité d'égal) se fesaient chefs-de-troupe ; & le Bourreau même eut bien l'insolence de toucher dans la main du Duc de Bourgogne qui ne le connaissait pas. Il se fit une paix simulée entre ces Princes ; & dans une entrevue qu'ils eurent, le Fils du Duc de Bourgogne fit assaciner le Duc d'Orleans.

Charles VII, qui n'était encore que Dauphin, vengea la mort de son Oncle, & fit à-son-tour assaciner le Duc de Bourgogne sur le pont de Montereau. La France, dechirée par ces factions domestiques, vit mettre le comble à ses malheurs par la deroute de Bincour, où les Anglais defirent l'armée de France, & s'emparèrent ensuite de la plus grande partie du Royaume, dans lequel ils possedaient depuis longtemps la Guyenne & la Normandie. La Reine *Isabeau-de-Bavière*, irritée contre le Dauphin son fils, qui protegeait le Connetable d'Armagnac, son ennemi mortel, obligea *Charles VI* à le desheriter, & à choisir pour successeur *Henri V* son gendre, roi d'Angleterre.

» Il y a toujours eu entre les Français & les Anglais une émulation qui tient beaucoup de l'antipatie & de la haîne. Ces derniers sur tout, enflés de leurs succès, saisissaient avec empressement les occasions de mortifier leurs Rivaux ; ils les traitaient avec une hauteur insuportable à la liberté française. Ceux-ci ne souffraient ces fâcheux hôtes qu'avec la plus vive impatience : mais il falait bien s'accommoder au temps.

» Parmi les Anglais qui se trouvaient à
Paris, on en remarquait deux, qui avaient
apporté de chés eux tous les préjugés de
leurs Compatriotes contre notre Nation. Ils
étaient amis ; ils avaient été compagnons
d'étude, & fesaient ensemble leurs premières armes en qualité de Volontaires. Ils pouvaient passer pour deux Cavaliers accomplis,
& sortaient des premières maisons d'Angleterre ; mais leur fortune ne repondait point
à leur naissance.

» L'un s'appelait sir *Wolsey*, l'autre sir
Park. Sir Wolsey était grand, bienfait ; il
avait la demarche assurée, l'air fièr, les manières nobles, l'esprit vif, & plus orné qu'on
ne l'avait ordinairement dans ce temps-là ;
bien-loin que son caractère se ressentît du
sombre anglais, son enjoûment était exces-
sif ; il paraissait de ces gens qui voyant tout
sous une face riante ou ridicule, savent s'en
amuser eux-mêmes & les autres : mais ces
dehors prévenans couvraient la petulance &
même l'atrocité, trop ordinaire appanage
des Persifleurs, je vous en préviens, mon fils.

» Sir Park était plus petit, mais bien proportionné dans sa taille ; les plus beaux cheveux du monde accompagnaient un visage charmant, & peut-être trop delicat pour un homme ; son humeur le rendait serieux, & le portait à la melancolie : d'ailleurs sir Park ne le cedait à son Ami, ni pour le charme des manières, ni pour les agrémens d'un esprit cultivé.

» Sir Park & sir Wolsey, faits comme je viens de le dire, ne manquèrent pas de conquêtes : plusieurs de nos Dames, éblouies des avantages brillans de la figure, desiraient de les toucher ; mais les deux Amis, également fièrs, dedaignaient les faiblesses de l'amour, & peut-être les Dames françaises ; loin de chercher à se fixer, ils eussent negligé les Belles qui les auraient prévenus. Ils croyaient leur temps beaucoup mieux employé soit à la chasse, soit au jeu, qu'à soupirer aux pieds d'une jolie Femme. On ne les voyait qu'un instant dans les cercles, encore ne s'y montraient-ils que lorsque les bienseances les forçaient d'y paraître.

» Ce procedé piqua nos Belles ; il n'y en eut pas une qui n'eût voulu venger l'honneur de son sexe & de la Nation, sur les insensibles Anglais. Ce noble projet leur fit hasarder les agaceries les plus seduisantes : mais il semble que l'Amour, tyran des cœurs qu'il s'est soumis, veuille qu'ils prennent librement leurs chaînes; ce ne furent malheureusement pas les Beautés qui cherchèrent à vaincre sir Park & sir Wolsey, qui profitèrent de leur defaite. Une Jeune-personne qui n'y songeait guère, & qui prévenue d'autres sentimens, aurait vu tous les Anglais du monde', sans vouloir attenter à leur liberté, subjugua ces nouveaux Hippolytes. Rien de plus ordinaire. Ce n'est pas, mon Fils, que je blâme leur indifference, puisque je vous la conseille ; mais il ne faut pas, comme eux, s'exposer au peril, & braver un sexe que votre propre faiblesse vengerait tôt ou tard.

» Dans ces temps éloignés, les Anglais étaient Catholiques, & ils alaient à la messe. Ces distinctions odieuses de *Papistes* & de *Protestans*, étaient encore inconnues ; toute l'Europe chretienne, soumise à un seul Chef, n'avait qu'une communion.

» Notre-Dame était alors l'Église en vo-
gue , comme celle des Augustins le fut ensuite (& comme l'est de nos jours celle des
Quinze-vingts). Sir Park & sir Wolsey ne
manquaient jamais de se trouver à la messe
d'étiquète , c'est-à-dire à la dernière ; moins
par devotion , que pour se faire voir de ces
mêmes femmes dont ils bravaient les
charmes. Ainsi , quoi qu'en disent les Parti-
sans de la pieuse Antiquité , nos Ayeux ne
valaient pas mieux que nous ; ils parlaient à
l'Eglise avec aussi peu de respect : les Petits-
maîtres & les Coquètes d'alors y jouaient à-
peu-près les mêmes scènes qu'y donnent aujourd'hui nos Agreables. Les deux Anglais
se conformaient à l'usage, & riaient souvent
tout-haut des folies qu'ils se disaient entr'eux ;
affectant de ne s'occuper que d'eux-mêmes ,
sans faire beaucoup d'attention aux Dames.

» Un jour on y vit entrer, pour la première fois, une Femme en grand deuil ; elle
paraissait avoir trente ans au-plus, & l'on
demêlait à travers son ajustement lugubre,
qu'elle était encore extrêmement belle. Tous
les regards se tournèrent de son côté ; mais

elle n'eut pas longtemps à s'en applaudir.
Une Jeune-personne qui la suivait, réunit
sur elle la surprise & les yeux de toute l'as-
semblée.

» Prêtez-moi de l'attention , mon fils,
cette belle Personne doit vous interesser.

» Sir Wolsey la regarda d'une manière
assés froide en apparence. Sir Park n'en fit
pas tout-à-fait de-même. —Sais-tu le nom
de ces Dames (dit-il à son Ami ?) —Moi !
(repondit Wolsey) non: mais que t'importe ? —Un simple mouvement de curiosité m'engage à te faire cette demande (reprit sir Park). —D'où voudrais-tu que je
les connusse ? (repliqua Wolsey); je suis
toujours avec toi , & voila , je pense, la
première fois que nous les voyons—. Ils sor-
tirent là-dessus. Sir Park se retourna trois
ou quatre fois; Sir Wolsey s'en aperçut.
—Ah ! ah (dit-il) l'Inconnue t'interesse !
Mon cher ami , adieu ta franchise, l'indif-
férence & nos plaisirs. Si tu deviens amoureux , & d'une *Française encore !* tu vas paraître si sot & si ridicule , qu'on ne pourra
plus te souffrir. Pour moi , je t'avertis qui si
tu donnes dans cette faiblesse , je renonce à

ton amitié. Que dirait-on de toi en Angleterre, ſi l'on apprenait que tu t'ês laiſſé vaincre *par une Françaiſe* , & par une Inconnue——! Tout ce qu'on voudra (repondit ſir Park) ; mais ſi j'avais à devenir amoureux à Paris, tu me connais ; crois-tu que les diſcours du Public fuſſent capables de m'en empêcher ? Je puis neanmoins t'aſſurer que je ne m'aperçois d'aucun changement dans mes diſpoſitions. ——Ma-foi (reprit Wolſey) j'en ſuis ravi ! embraſſe-moi: tu n'aimes point l'Inconnue ? éh-bien , je te declare moi, que je l'aime à-la-fureur. Tu ês mon meilleur ami ; j'aurais été fâché d'avoir quelque choſe à demêler avec toi. Mais plus de ſcrupules de ce côté-là ; me voila en repos. ——Tu railles toujours (dit ſir Park) ; c'eſt ton caractère. ——Je veux ne rire de ma vie (reprit l'enjoué Wolſey) ſi je ne te parle ſerieuſement. ——Je ne te le conſeille pas (dit ſir Park) ; puiſqu'en ce cas je ſuis ton rival ; & tu ſais que l'amour, plus fort que l'amitié , n'en reſpecte pas trop les droits. Croi moi , ſoyons bons amis , & ne viens pas mal-à-propos me traverſer dans

une

une paſſion où ton cœur n'a point d'interêt.
—Je veux mourir (repondit Wolſey) ſi
je n'aime l'Inconnue plus que moi-même-.
Ce debat continua quelque temps , fort ſerieuſement d'une part , & du ton de l'enjoûment de celle de ſir Wolſey , qui cependant
vint à bout de perſuader à ſon melancolique
Ami , qu'il diſait la verité. ——Il faut donc
ceſſer d'être amis (ſ'écria ſir Park), puiſque
nous commençons d'être rivaux ; je te laiſſe
le choix , tu n'as qu'à voir : ou renoncer à
l'Inconnue , ou renoncer à mon amitié.
——Que tu ês ſimple (dit Wolſey) de t'imaginer que nous ceſſerons d'être amis , parce
que nous alons être rivaux ! Non , mon cher
Park , rien ne ſera jamais capable de troubler notre intelligence ; la mort pourra nous
ſeparer & non pas nous deſunir. Nous tâche-
rons de decouvrir quî eſt la charmante Perſonne que nous aimons ; nous lui rendrons
viſite , nous lui parlerons de nos ſentimens ,
nous nous efforcerons de la toucher ; &
nous nous rendrons-compte ſincèrement ,
ſans ſupercherie , des progrès que nous au-
rons faits ſur ſon cœur ; le moins heureux

<table><tr><td>*I Partie.*</td><td>B</td></tr></table>

ſe retirera ; & de-peur de donner de l'om-
brage à l'autre, il retournera tranquilement
en Angleterre. Voila comme deux amis ve-
ritables doivent agir. Parle, cela te convient-
il ? —La partie n'eſt pas égale (repondit
ſir Park) ; cependant je l'accepte : tu as plûs
de merite que moi, mais je ſens que j'aurai
plûs d'amour—. Il eſt à préſumer que ces
ſortes d'accommodemens étaient alors en
uſage ; aujourd'hui même il ſ'en fait de pareils dans quelques Provinces de France, &
l'on ſait que nos mœurs paſſèrent en Angleterre avec Guillaume-le-Conquerant. Mais
je n'inſiſterai pas là-deſſus. Et je vous dirai
ſeulement que ceux dont je parle ſ'obligè-
rent à garder la convention que je viens de
rapporter, & que tous deux y furent également fidèles.

» L'accord ſait, ils alèrent travailler de
concert à l'executer : ils commencèrent par
une recherche exacte du nom & de la demeure de la belle Inconnue.

» Mais la Dame avec laquelle ils avaient
vu l'Objet dont ils étaient épris, encore
dans les premières douleurs d'un veuvage

cruel, paffait les jours dans la retraite, & ne voyait perfonne. Elle venait de perdre fon Mari à la bataille de Bincour. Ses terres, fituées en Picardie, étaient devenues la proie des Ennemis. A-peine avait-elle pu fe fauver avec quelques pierreries & quelqu'argent-comptant, faibles reftes d'une fortune brillante. Sa maison, composée de peu de domeftiques, était inacceffible: ainfi, quelques peines que priffent ce jour-là nos deux Amans, ils ne purent en apprendre des nouvelles.

» Heureusement il était encore fête le lendemain; ils fe parèrent avec goût, & pour la première-fois, fe defièrent de leurs charmes: enfuite ils fe rendirent à Notre-dame rivaux & bons amis. La belle Veuve & la Jeune-perfonne qui l'accompagnait y étaient deja; ce ne fut qu'avec peine qu'ils parvinrent à percer la foule dont elles étaient environnées: ils firent tant neanmoins qu'ils fe trouvèrent à portée de les voir & d'en être vus. La jeune Inconnue leur parut encore plus belle que la veille, & plus digne d'être aimée. Les moins attentifs l'aperçu-

B 2

rent de leur application à la regarder , &
les Femmes qui cherchaient à plaire aux jeunes Anglais , bien plus clairvoyantes encore ,
frémirent de jalousie.—Quoi! *tous les deux!*
(disaient-elles) se sont laissé prendre aux
charmes de cette Nouvelle - venue ! elle
triomphe de *tous-deux* par un seul coup-
d'œil ! le trait est noir ! mais il ne sera pas
dit qu'elle jouira tranquilement de sa conquête ; nous verrons si la simplicité de cette
Agnès l'emportera sur notre experience.

»Cependant la belle Veuve jeta les yeux
deux ou trois fois sur Wolsey ; qui , tout
occupé de la Jeune-personne, n'était pas
en état de s'en apercevoir. Mais ces regards n'échappèrent point à sir Park ; il fut
charmé qu'une Femme aussi capable de
plaire fît attention à son Ami : cette décou-
verte lui parut heureuse ; une joie douce s'é-
leva dans son âme , & lui donna de merveil-
leuses esperances. Wolsey (disait-il) de-
viendra peut-être amoureux de cette Dame ,
qui merite si bien tous les vœux d'un galant
homme , & me laissera le champ libre auprès de celle que j'adore : ou-bien les senti-

mens de la belle Veuve nous donneront accès dans sa maison.

» Tandis que ces reflexions l'occupaient, & que son Ami s'enivrait du plaisir dangereux d'admirer la jeune Beauté, la messe finit, & les Dames se retirèrent. Un fidèle Valet, qui servait les deux Amans, fut aussi-tôt detaché pour les suivre, avec ordre de s'informer de leur nom, de leur demeure, & de venir en rendre un compte exact.

» Le message fut court & heureux : ils surent une demi-heure après, que la Dame était la veuve du Comte de *Montmirel*; que la Jeune-personne était sa fille ; qu'elles demeuraient dans une petite rue auprès du Palais ; enfin tous les details necessaires. —C'est quelque chose (s'écria sir Wolsey) de savoir qui est celle que nous aimons ! Mais (ajouta-t-il en riant) si elle est si retirée, irons nous forcer sa maison, pour la voir & pour lui parler? L'expedient me paroît excellent, quoiqu'un peu brusque, & je suis d'avis que nous nous en servions. —Je sais un moyen plus doux pour nous introduire (repliqua sir Park) ; je suis fort trompé si

madame de Montmirel ne se relâcherait pas
un peu de l'austerité de son veuvage, pour
peu que tu voulusses cultiver les bonnes dispositions où je la crois en ta faveur. Plaîre à
la Mère n'est pas un petit avantage, quand
on aime la Fille——. Si bien donc (interrompit sir Wolsey) que tu voudrais que
je fisse les yeux doux à madame de Montmirel, & que j'en devinsse amoureux ?
Ah parbleu ! c'en est trop. Non content que
j'aie souffert que tu entrasses en concurrence
avec moi, tu prétens encore me donner
l'exclusion ! Cela n'ira pas ainsi, je te l'assu-
re, & j'y mettrai bon-ordre. Sir Park, ce
n'est pas-là le moyen d'être longtemps amis.
——Mondieu ! (repondit ce dernier) que tu
prens mal les choses ! qui te parle d'être
amoureux de madame de Montmirel, & de
renoncer à sa Fille ? Je te dis seulement
d'avoir quelques complaisances pour la Maman, de gagner sa confiance; en-un-mot,
d'aler à la Fille par la Mère ; c'est une ouverture que je donne, pour avancer nos affaires à tous deux ; si tu te câbres mal-à-propos, tant-pis pour toi! veux-tu que nous
brouillions ? j'y consens. ——Diable ! (reprit

Wolfey) que tu ês vif! éh-bien, pour que tu n'aies rien à me reprocher, je veux agir d'après tes avis *desinteressés* ; & dès la première occasion, je me mets au rang des Adorateurs de madame de Montmirel ; j'en vais faire le passionné, le jaloux même, supposé que j'aie à disputer son cœur avec quelqu'un. Mais si j'alais prendre du goût pour elle, tu m'en avertirais, au-moins ! & tu me ferais bien ressouvenir que c'est de la Fille que je dois être amoureux : sinon, marché nul—.

» Ils furent quelque temps sans pouvoir executer leur projet : madame de Montmirel se trouvant obligée de garder la chambre pour quelque legère indisposition, mademoiselle sa Fille lui tenait compagnie, & ne sortait plus. Je ne dois pas taire que la tendre Comtesse avait pris du goût pour sir Wolfey, & que l'impatience de fortifier ce goût, en le voyant encore, hâta sa guerison.

» Sir Park s'impatientait de la longue disparution de mademoiselle de Montmirel : sir Wolfey en était au desespoir. Vainement ils rôdaient du matin au soir autour de la maison ; les fenêtres n'en donnaient point sur la rue, la porte en était toujours fermée, & mademoiselle de Montmirel était invisible. Vainement ils tâchaient de se consoler l'un & l'autre, & de rappeler l'enjoûment; sir Wolsey lui-même, l'enjoué sir Wolsey l'avait perdu.

»—Comme te voila (disait sir Park à sir Wolsey)? toi, dont l'aimable folie fesait naître par-tout la gaieté, plus serieux aujourd'hui qu'un Ministre d'État, à peine dis-tu deux paroles en toute une journée. Ah! Wolsey! —Mais toi (lui repondait son Ami), crois-tu mieux valoir? Tu n'étais que serieux autrefois; à présent tu ês d'un sombre & d'une melancolie qui se communiquent: ton mal est contagieux! —C'est que je suis amoureux (disait sir Park). —C'est que je suis amoureux (repetait sir Wolsey)—.

» Ils avaient raison de se reprocher leur metamorphose; car, en vérité, ils étaient tout-à-fait differens d'eux-mêmes. Plus de promenades, plus de jeu, plus de parties de plaisir, plus de chasse; enfin, ils ne songeaient qu'à leur amour. Que les premiers momens d'une passion naissante sont tumultueux!

tueux ! & pourtant, ils font doux en comparaison de ceux qui les fuivent. Mon fils,
qu'un charme trompeur ne vous feduife pas;
c'eft de l'amour fur-tout qu'il eft vrai de
dire, que l'épine eft fous la rose.

» Tandis que ces deux Bretons auparavant
fi fièrs, traînaient une vie languiffante, partagée entre les inquiétudes, l'impatience,
& des lueurs d'efpoir, il y eut une fête chés
une Dame de leur connaiffance, où ils alèrent, parce que ne fe trouvant bien nulle-
part, ils crurent qu'ils n'y feraient pas plus
mal que chés eux.

» La fête commença par un concert : la
musique fut affés bonne pour le temps, quoique je m'imagine que ce ne fût pas grand'-
chose. On ne favait point alors ce que c'é-
tait que ces fons tendres & naturels, dont
l'harmonie fait fur l'âme une fi douce impreffion; on n'avait ni chanfons de *Lambert*, ni
operas de *Lully*, ni cantates de *Bernier*(4).
Il n'y avait point alors un *Marchand*, un
Balbâtre pour le clavecin; un *Marais*, un

____

(4) Ni Comedies-Ariètes de *Gretry*.

Partie.   C

Bertot pour la baſſe-de-viole; un *Duval*, un *Baptiſte* ou un *Gaviniés* pour le violon; &c: l'on avait le goût moins délicat, moins épuré qu'à - préſent (5); mais l'on était auſſi charmé de ce que l'on avait. L'art, en ſe perfectionnant, n'augmente pas nos plaisirs, il nous rend plus difficiles.

» Pendant ce concert, Wolſey ſe trouvait auprès d'une Dame de ſa connaiſſance, à laquelle ſir Park n'était pas indifferent : elle voulut envain lier la converſation; le diſtrait Anglais ne lui repondait que par monoſillabes. —Qu'avez-vous donc (lui dit-elle enfin ?) je vous trouve tout autre qu'à votre ordinaire ? —La musique me rend grâve, (repondit Wolſey); je l'aime, je l'écoute avec application. —J'avoue (reprit-elle) que la musique attache ; mais elle ne rend pas ſombre & melancolique : vous avez des chagrins particuliers dont vous me faites

______

(5) Que dirait donc aujourd'hui M. *D'YRAN*, que le goût eſt ſi fin, ſi chatouilleux, qu'on n'a pu ſouffrir l'opera de *CALLIRHOÉ* (admiré il y a trente ans) après la musique delicieuse des trois Actes de l'*Union-de-l'Amour-&-des-Arts!* [N. de l'Éditeur.

myſtère ? —Pardonnez-moi , madame: on
ne peut pas rire toujours ; & les hommes ſe-
raient trop heureux, ſ'ils avaient en tout
temps le même fonds-de-gaîté. —Vous direz tout ce qu'il vous plaîra , monſieur (repliqua t-elle) : mais je veux être de vos amies
malgré vous , & ſavoir ce qui vous donne
cet air rêveur : vous ne vous trouverez peut-
être pas mal de m'avoir conſultée. —Éh-
bien , madame , puiſque vous le voulez abſolument , je vais donc vous ouvrir mon cœur:
Je ſuis amoureux. —Vous , amoureux !
(interompit-elle). —Si l'expreſſion vous
paraît trop faible (reprit ſir Wolſey) trou-
vez-en dans votre langue qui ſignifient davantage , elles ne rendront pas encore tout
ce que je ſens pour mademoiſelle de Montmirel. —Et cette Belle vous maltraite (dit
la Dame ?) —Ce ſerait toujours quelque
choſe (repondit ſir Wolſey); mais le ſort
qui me pourſuit eſt bien plus cruel ; je n'ai
pas même les moyens de declarer mes ſentimens , faute d'être connu , & de pouvoir me
préſenter chés celle que j'aime. —Quoi !
(ſ'écria la Dame) un ſi faible obſtacle ar-

rête un Cavalier tel que sir Wolsey! Consolez-vous, mon cher; la Comtesse de Montmirel est de mes amies; je m'offre à vous rendre auprès d'elle tous les bons-offices qui dependront de moi... Une condition cependant : vous me servirez à votre tour auprès de votre insensible Ami : je lui veux du bien, & Monsieur fait le petit cruel, il feint de ne pas s'en apercevoir. —— Je suis fâché de vous refuser, madame (dit franchement Wolsey); mais sir Park est mon rival, & je veux lui disputer un cœur loyalement; je manquerais à la droiture en servant votre flâme ——. Un fin sourire accompagna cette reponse; & sir Wolsey quitta brusquement la Dame, qu'il laissa fort surprise de son procedé.

» Sir Park, de son côté, soutenait une autre attaque. —— Une Dame qui paraissait l'avoir cherché, lui disait : —— L'amitié qui vous unit avec sir Wolsey vous fait honneur à tous-deux; le merite vous rend égaux, & l'amitié pour naître veut l'égalité . . . Que vous devez trouver de charmes dans cette liaison ! si j'etais homme, je voudrais y être en tièrs avec vous. . . . . A-propos; son cœur est-il tout à l'amitié? l'amour n'en occupe rait-il pas une partie? Vous êtes l'un & l'autre dans un âge où il n'est guère naturel qu'on soit aussi froid, aussi indifferent pour la béauté qu'il le paraît. —Il ne l'est pas, Madame (repondit sir Park) il se pique au contraire du plus constant amour, & garde une scrupuleuse fidelité. ... Il aime, mais c'est en Angleterre. —Vous me surprenez (repliqua la Dame), & vous me feriez plaisir de me dire quelques particularités des amours d'un homme de son caractère—. [Remarquez ici, mon fils, que ce Jeune-homme était plus amoureux que sir Wolsey ; la preuve, c'est qu'il eut plus de discretion]. Sir Park voulant faire prendre le change sur la passion de son Ami, reprit ainsi la parole : —Tout ce que je sais, c'est qu'il est amoureux à l'adoration d'une Anglaise ; qu'il ne vit, qu'il ne respire que pour elle , & qu'il sollicite son retour en Angleterre avec ardeur—. La Dame, dont le cœur n'était pas encore bien determiné entre l'un ou l'autre, ne voyant rien à faire avec sir Wolsey, se tourna du côté de sir Park : —Et

vous, monsieur (pourſuivit-elle), aimez-vous
auſſi en Angleterre ? ne voyez-vous rien en
France qui meritât votre attachement ? J'y
connais des femmes qui rendent juſtice à votre merite——? Le ton qui accompagna ces
paroles était ſignificatif ; mais ſir Park ſei-
gnit de n'y rien comprendre ; il fit une reponſe modeſte, & flateuse pour les Dames françaises en-general. La Dame inſiſta ; mais ſir
Park ne jugea pas à - propos de lui faire
confidence de ſa paſſion pour mademoiselle
de Montmirel. ——Madame (ajouta-t-il) je
vous ai dit que mon Ami était amoureux
en Angleterre ; ſon hiſtoire eſt la mienne ;
j'ai même des engagemens plus forts que
ceux de ſir Wolſey ; je ſuis marié, je vous
le confie ; & par une ſingularité qui doit paraître fort extraordinaire dans ce pays ci, je
ne puis aimer que ma Femme——. La Dame
n'eut pas le temps de repondre : le concert
finit, & la compagnie ſe leva pour paſſer
dans une ſalle où l'on avait ſervi une ſuper-
be collation.

» De retour chés eux, ſir Park & ſir Wolſ-
ſey ne manquèrent pas de ſe rendre-compte

de ces deux singulières conversations. ——Tu
vois bien (dit Wolsey) que je suis incor-
ruptible ; il ne tenait qu'à moi de mettre
cette Dame dans mes interêts ; je n'avais qu'à
lui laisser esperer que tu pourrais l'aimer ;
elle eût tout fait pour moi, & peut-être aurais-je parlé dès demain à mademoiselle de
Montmirel. ——Voila de tes étourderies ordinaires (s'écria sir Park !) que risquais-tu
de promettre, & quel était ton dessein, en
te refusant à ce qu'elle paraissait desirer ?
——De montrer (reprit Wolsey) jusqu'où je
porte la delicatesse à ton égard. ——Fort-
bien ! (dit sir Park) ; mais nous ne verrons
pas mademoiselle de Montmirel ; mais nous
ne pourrons lui decouvrir nos sentimens ! ..
Au-nom-de-dieu, defais-toi de ces delicatesses que je ne goûte pas ! songeons aux mesures que nous avons à prendre——. Sir Wolsey fut inebranlable ; & son Ami, plus sensible qu'il ne le voulait paraître à cet honnête
procedé, ne put lui refuser des éloges.

»Enfin madame & mademoiselle de Montmirel revinrent à Notre-dame. Vous pensez
bien que les deux Amans s'y trouvèrent. La

Comtesse se dedomagea du temps qu'elle avait passé sans voir sir Wolsey. Ses yeux le cherchaient si visiblement, & d'une manière si obligeante, que toute autre qu'une Femme extrêmement prévenue aurait été offensée du peu d'attention qu'il lui donnait.

» Mademoiselle de Montmirel, aussi brillante que le soleil dans les plus beaux jours de l'été, l'occupait trop, pour qu'il pût songer à sa Mère : mais de quelle douleur & de quel desespoir sir Park & lui n'eurent-ils pas l'âme atteinte, lorsque l'ayant aperçue, ils virent auprès d'elle un Cavalier parfaitement bienfait, qui lui parlait d'un air familier ; lorsqu'ils virent qu'elle lui souriait, & qu'elle paraissait lui repondre avec complaisance ! Wolsey, plus bouillant que son Ami, souffrit ce qu'on peut imaginer de plus cruel ; toute la haîne qu'il avait en-general pour les Français, il la sentit pour ce nouveau Rival. Il jura de lui arracher la vie, ou de l'obliger à renoncer à mademoiselle de Montmirel. [Resolution temeraire, mon fils, qui perd toujours celui qui l'a formée, & celui qui en est l'objet]. Le fougueux Anglais n'accomplit pas tout-à-fait son serment, comme vous le verrez dans la suite.

» Sir Park, devoré d'une jalousie moins furieuse, éprouvait des transports plus douloureux peut-être. Les deux Amis revinrent chés eux sans se dire un seul mot.

» Wolsey rompit enfin le silence. — Ne sommes-nous pas bien malheureux! mon cher Park (s'ecria-t-il?) Nous aimons; & qui? une personne qui ne se doute pas que nous soyions au monde; qui paraît prévenue en faveur d'un autre! une ingrate..... A-peine sortie de l'enfance, elle a senti son cœur; elle aime!... Mon sang s'alume; il bouillonne de jalousie & de fureur.... Mais je devais m'y attendre; le cœur d'une Française est plutôt formé que son esprit.... Je veux me venger... Il faut la punir, accabler mon odieux Rival... Je veux insulter à ses larmes, & nager dans la joie, en voyant le desespoir où je l'aurai reduite...— Pourquoi cet emportement (dit sir Park)? Ah mon cher Wolsey! ce n'est pas un aussi grand mal que tu le penses, que nous ayions un Rival aimé : notre hommage effarouchera moins. D'ailleurs, de quel droit nous emporter contr'elle & contre lui? qui nous autorise à troubler l'union de deux Amans qui ne songent pas que nous sommes au monde? —Ah! voila ce qui cause ma rage (s'écria Wolfey)... Ils le sauront!.. ils l'apprendront!.. Quant à toi, respecte leur tendre flâme; adore les rigueurs d'une Ingrate; fais plûs; offre leur de les servir dans leurs amours. —Je ne ferai pas tout cela (dit sir Park); je souffre plus impatiemment que toi peutêtre, qu'un Rival ait touché le cœur de mademoiselle de Montmirel: mais avant que de prendre des resolutions aussi violentes, je veux m'assurer si ce que nous croyons une realité, n'est point une vision: je veux lui parler de mon amour; si elle n'y repond pas, tu lui parleras du tien. —Eh - bien, qu'elle tremble (dit Wolfey); j'en jure par cette épée (6)... Mais si je succombais; que la fortune,.. ou la supercherie triomphât du courage... —Alors compte sur ton Ami (s'écria sir Park)! si ce malheur arrivait, je te voue mon bras & ma vie——.

____

(6) C'était le serment des anciens Chevaliers.

» Je suprime le reste de la conversation : sir Park s'efforçait toujours de calmer sir Wolfey, & de le faire changer de sentiment. Soin inutile ! cet Anglais enjoué, qui riait de tout, est devenu la ferocité même.

» Le Comte de Montclar (c'est le nom du Cavalier qu'ils avaient vu auprès de mademoiselle de Montmirel) était un Jeune-homme d'environ vingt-cinq ans. Le Marquis de Montclar son Père, avait une charge considerable à la Cour ; le Fils, nouvellement armé Chevalier, venait d'obtenir l'agrément d'une compagnie de cent Lances. C'était un Seigneur aimable, riche, sage, genereux, dont l'unique defaut était d'avoir trop de bravoure & de franchise. Le Marquis de Montclar & le Comte de Montmirel avaient été longtemps ennemis jurés ; des amis communs les avaient réunis ; & mademoiselle de Montmirel devait être le sceau de ce raccomodement : son mariage avec le jeune Comte était sur-le-point de s'achever, quand la mort du Comte de Montmirel en suspendit les apprêts. La fortune de la Veuve se trouva fort derangée par cette mort ; mais le

Marquis de Montclar, honnête homme,
avait donné fa parole, & ne voulut point la
retirer. Cette affaire alait être terminée dès
que la Mère & la Fille auraient donné quelques mois à la mémoire d'un Epoux & d'un
Père.

» Voila pourquoi mademoiselle de Montmirel regardait le Comte de Montclar comme un époux, & le traitait avec ces egards
flateurs qui avaient mis en fureur fir Wolfey. Il eft vrai qu'elle n'avait pas beaucoup
de peine à fuivre en cela fon devoir, & que
fon cœur avouait le choix de fes Parens. Nos
deux Anglais qui ne favaient rien de cette
circonftance decisive, & qui ne f'en fuffent
peut-être pas fort embaraflés, f'ils l'avaient
fçue, alaient toujours leur chemin.

» Cependant la Comteffe de Montmirel
commençait à éclaircir fon deuil; elle rendait des visites & en recevait. Un jour elle
vint chés une Dame où elle trouva les deux
Amans de fa Fille. La vue de fir Wolfey fit
fur elle une agreable impreffion; fon teint
f'anima d'un éclat fi doux, que jamais elle
n'avait été plus belle; jamais auffi elle n'a-

vait plus souhaité de l'être. Mais que pouvait tout cela sur le cœur prévenu de sir Wolsey? Il ne la regarda qu'avec indifference, & repondit froidement aux civilités de la belle Veuve. Sir Park s'apperçut de la faute qu'il fesait, & plus prudent que son Ami, il sut l'engager à changer de conduite. Sir Wolsey, par complaisance, s'approcha de madame de Montmirel, & hasarda de lui parler: ce qu'il fit d'une manière si contrainte & si embarrassée, que la Comtesse le crut ébloui de ses charmes: elle n'oublia rien pour le rassurer & pour l'enhardir.

» Tandis que sir Wolsey jouait auprès de la Comtesse un rôle que ses dispositions actuelles rendaient penible, sir Park en fesait un plus agreable auprès de mademoiselle de Montmirel. Il avait trouvé le moyen de lier conversation, & voyant que le temps était précieux, il debuta, mais respectueusement, par lui dire qu'il l'adorait depuis près de deux mois, & qu'il la suppliait de lui apprendre, si elle agreait la recherche du Cavalier qui lui parlait la dernière-fois qu'elle était venue à Notre-dame. Il ajouta sur-le-champ, qu'il ne pouvait y avoir de tendreſſe égale à celle qu'elle lui avait inſpirée; qu'il ſe flatait de l'emporter par-là ſur tous ſes Rivaux; & qu'heureux ou malheureux, il l'adorerait toute ſa vie.

» Mademoiſelle de Montmirel, qui avait entendu parler de ſir Wolſey comme d'un perſiſleur, prit ſir Park pour lui, & croyant qu'il voulait ſ'égayer, lui repondit avec le ton du badinage. Sir Wolſey qui la vit ſourire, en tira un bon augure. Mais l'arrivée du Comte de Montclar le replongea dans l'incertitude, & reveilla toute ſa jalouſe fureur. [Vous alez voir, mon fils, à quels excès la funeſte paſſion de l'amour porte ceux qui ne ſavent pas la reprimer.]

» La compagnie ſe partagea pour jouer: ſir Park ſe mit de la partie de mademoiſelle de Montmirel: Pour ſir Wolſey, que d'autres deſſeins occupaient, il obſervait le Comte de Montclar qui ne jouait pas, & ſe tint comme lui au rang des ſpectateurs. Dès que les parties furent liées, l'Anglais ſ'approcha du Comte, & le tirant à-part: ——Monſieur, (lui dit-il) vous aimez mademoiſelle de

Montmirel? cet amour-là ne me plaît pas.
—J'en suis fâché (repondit le jeune Montclar, surpris de ce discours); mais je ne sau-
rais qu'y faire. —On peut vous l'apprendre (ajouta sir Wolsey avec aigreur) ; c'est
de vous desister d'une poursuite qui vous sera préjudiciable. —Je conçois le motif qui
vous fait agir (repondit le Comte) : cependant je vous prie de m'éclaircir sur une chose
qui m'embarasse. Le Cavalier qui parlait à
mademoiselle de Montmirel quand je suis
entré, n'est-il pas votre ami ? —Oui, (repondit Wolsey.) —N'est-ce point lui qui
en est amoureux (poursuivit le Comte) ?
—Cela est encore vrai (repliqua l'Anglais);
& c'est parce qu'il est mon ami, parce qu'il
est amoureux de mademoiselle de Montmirel, & que j'en suis amoureux moi-même,
que je trouve fort mauvais que vous l'aimiez
aussi. —J'avoue (dit avec un étonnement
railleur le Comte de Montclar) que je ne
comprens rien à tout cela. —Et moi (repliqua Wolsey avec une fureur qu'il s'efforçait envain de contraindre) je ne suis pas
homme à tant d'explications ; si vous voulez

savoir le reste , trouvez-vous demain au bord
de la rivière au-dessous de Paris; j'y serai
avec un cheval & une lance. —Volontiers
(dit Montclar) : mais si vous n'êtes pas un
fanfaron, dissimulez, séparons nous, &
ne fesons rien connaître de ce qui vient de
se passer——.

» Sir Park joua longtems, & de malheur;
il ne se retira que plus d'une heure après sir
Wolsey. Il le trouva essayant une lance & pré-
parant ses armes.—— Mon ami (s'écria Wolsey) , je me bats demain contre Montclar :
nous alons être defaits d'un Rival formidable , puisqu'il est aimé. La partie est liée , il
n'y a plus moyen de s'en dedire. ——Quoique
je desapprouve ce combat (dit sir Park) ,
je ne forme en ce moment qu'un desir , c'est
de pouvoir prendre ta place. ——Pour un
trône (dit Wolsey avec feu) je ne te la
cèderais pas. Tu n'ês pas dedaigné ; je l'ai
vue sourire en te parlant. ——Desabuse-toi,
(lui dit sir Park); elle m'a pris pour toi,& c'est
l'agrément connu de ton esprit, qui m'a fait
écouter. Montclar est seul aimé. J'ai vu sa
distraction durant le jeu ... ——C'en est assés
(interompit

(interompit fir Wolfey) ; menage ma fenfibilité——.

» Les deux Amis fe mirent à table. Sir
Wolfey n'avait jamais été d'une humeur plus
enjouée ; il dit cent folies qui fufpendirent
les inquiétudes de fon Ami. L'heure venue
de fe feparer, ils fe couchèrent. Sir Wolfey
dormit d'un fommeil tranquile, & n'eut
point de ces fonges prophetiques, dans lef-
quels on nous dit que la Nature, ou le Genie qui veille fur nos jours, nous fait voir
les malheurs qui nous menacent. Le lendemain fir Park lui dit en l'embraffant : ——Va,
mon cher, puifque l'honneur y eft engagé,
va fignaler ton amour & ton courage : &
puifqu'il ne m'eft pas permis de te feconder,
je t'attens ici, pour te feliciter de ta victoire——.

» Paris n'était point alors ce qu'il eft aujourd'hui ; l'on femait où nous voyons les
plus beaux édifices ; ce fut précifement où
font les Thuileries que le Comte de Montclar & fir Wolfey prirent leur champ-de-
bataille : ils y arrivèrent prefqu'en-même-
temps. Le combat fut long, & bien difputé

I Partie.   D

de part & d'autre ; la bravoure , l'adresse , l'émulation, la jalousie, l'animosité se succedèrent tour-à-tour. L'épée prit la place de la lance. Enfin , quoiqu'il semblât dans ce temps-là que les Anglais fussent en droit de battre les Français & d'en triompher, le Comte de Montclar repara l'honneur de la Nation, & fit de si grands efforts contre sir Wolsey, qu'il le fit tomber à ses piéds : il voulut lui donner la vie , mais il n'en était plus temps.

» Sa mort ne fit pas grand bruit; on voyait tous les jours des duels plus sanglans ; & souvent de dix hommes qui s'étaient batus cinq contre cinq, il en restait six ou sept sur le carreau.

» Park , le seul Park en fut au desespoir : il pleura amèrement sur le corps de son malheureux Ami. Quelles plaintes ! quelles imprécations ne fit-il pas ! Il fut vingt fois sur le point de se percer de son épée: mais songeant que s'il mourait, sir Wolsey ne serait point vengé , cette pensée fut plus forte que son desespoir. Il nourrit sa douleur en veritable Anglais , par une pompe funèbre

qu'il ordonna lui-même, où tout lui retra-
çait & sa perte, & le devoir qu'elle lui im-
posait. Deux jours après ces tristes funerailles, il écrivit au Comte de Montclar un
Billet, dont voici le sens:

V O U S avez tué sir Wolsey; je veux
croire que vous l'avez tué en brave homme:
mais ne vous glorifiez pas encore de votre vic-
toire; elle est imparfaite, & vous n'avez
triomphé qu'à-demi, puisque je respire. Vous
avez en moi un ennemi d'autant plus redou-
table, qu'il combattra pour acquerir une
Maitresse, & pour venger un Ami. Trouvez-
vous demain à l'endroit même de votre pre-
mier combat. Le théâtre de la mort de sir
Wolsey le doit être aussi de sa vengeance, ou
du sacrifice que je dois offrir à l'amitié.

Edwige P A R K.

» Voyez, mon fils, combien il est dangereux d'avoir des liaisons trop intimes avec
de jeunes gens dont les mœurs n'ont pas acquis
la consistance que donnent l'âge, l'éducation
& l'experience: Sir Park pensait juste sur les
duels; & cependant voila qu'il est forcé d'en
provoquer un! Que cet exemple vous soit

D 2

utile, si vous quittiez un jour l'état paisible
auquel on vous destine peut-être malgré
vous.

» Le Comte de Montclar crut que la
mort de sir Wolsey ne lui ayant pas coûté la
moindre blessure, il s'en tirerait aussi bien
avec sir Park : il courut au rendez-vous avec
la fierté que donnent une victoire recente,
& l'assurance d'en remporter une nouvelle.
Le combat commence, & Montclar blesse
l'Anglais. Celui-ci furieux à la vue de son sang
qu'il voit couler, fond avec impetuosité sur
son ennemi, le presse, l'étonne, ne lui donne
pas le temps de se reconnaître, & lui plonge
son épée dans la poitrine.

» Madame de Montmirel apprit la mort
de M. de Montclar en-même-temps que
celle de sir Wolsey, & ne fut guère moins
affligée de l'une que de l'autre : mais sa fille
fut accâblée de la dernière ; elle maudit sir
Park, lui jura une haîne implacable, & re-
fusa toutes les justifications qu'il lui fit faire
par une Dame qui s'interessait à son sort,
& qui était amie de mademoiselle de Montmirel.

» Il hasarda de paraître devant elle dans la maison de cette Amie commune. L'Amante infortunée du Comte de Montclar ne vit l'Anglais qu'avec horreur : elle lui fit de ces reproches fanglans & cruels, qui feraient infuportables dans la bouche même d'une perfonne indifferente, & qui foudroient dans celle d'une perfonne aimée. —Malheureux (lui disait - elle) ôses-tu bien te montrer à mes yeux teint du fang de l'homme genereux, qui alait reparer toutes mes infortunes ? que t'avait-il fait, barbare, pour lui arracher la vie ? que t'avais-je fait moi-même pour m'enlever mon Époux ? —Il avait tué mon Ami (s'écria douloureusement fir Park); il vous aimait, il alait vous poffeder. —Il a tué ton ami (reprit-elle) : dis qu'il a puni fon infolence : & plût-au ciel qu'il eût pu de même punir la tienne. As-tu donc cru te faire aimer, en m'ôtant ce que j'avais de plus cher au monde ? Fuis, cruel, fuis loin de moi, & crains tout de ma haîne & de ma fureur.... Mais non, ne crains rien d'une fille impuiffante qui ne peut fe venger que par fes larmes & fon defefpoir—.

» —Ah Madame ! (s'écria l'amoureux sir
Park) je vous fournirai d'autres armes , &
ma main conduira la vôtre jusqu'à mon cœur
pour m'arracher la vie. —Ta vie ! (lui repondit-elle) va , elle ne payerait pas celle
de mon Amant ; & s'il est vrai que tu m'aimes, vis pour éprouver le supplice d'être ab-
horré d'une fille dont tu ne dois attendre que
d'insultans mepris—.Sir Park abatu , les yeux
couverts de pleurs, n'ôsait la regarder, & restait dans un triste silence. Les larmes d'un
homme aimable sont séduisantes ; quelque
irritée que fut mademoiselle de Montmirel ,
elle craignit d'en être attendrie ; elle sortit
brusquement, & le laissa dans un état pitoya-
ble , roulant mille desseins funestes contre
lui-même. La Dame qui avait procuré cette
entrevue le retira de la sombre rêverie où il
était plongé , lui dit les choses les plus
consolantes , & lui fit jurer qu'il n'atten-
terait point à sa vie , mais qu'il se reserverait
pour un temps plus heureux. Elle lui promit
de lui rendre toutes sortes de bons-offices
auprès de mademoiselle de Montmirel , qui
ne serait peut-être pas toujours intraitable ;

& l'exhorta sur-tout à se mettre en sureté.

» L'infortuné sir Park se retira auprès de son Général, lui raconta ce qui s'était passé, lui apprit la mort de sir Wolsey & celle du Comte de Montclar, en le priant de le prendre sous sa protection. Il fit sagement ; le Marquis de Montclar le fesait chercher pour tirer vengeance de la mort de son fils, qui demeura pourtant impunie. Tel était le malheur de ce règne deplorable, que les plus forts donnoient la loi aux plus faibles. Le General Anglais aimait sir Park, qui avait toujours passé pour un brave homme & à qui cette dernière action gagnait le cœur & l'estime de tous les Officiers. Il en écrivit à *Henri V*, Roi d'Angleterre, que l'insensé *Charles VI* venait de declarer son successeur. *Henri* voulut voir sir Park, l'eleva jusqu'à le faire Lieutenant de ses Gardes ; & la fortune continuant à le favoriser, il gagna des sommes immenses au jeu. Au milieu de tant de succès, la tristesse qui le minait, le souvenir de son Ami, les rigueurs de mademoiselle de Montmirel qui le traitait aussi mal depuis son élevation, que lorsqu'il n'était

qu'un simple Chevalier, & le peu d'espe-
rance de la flechir, ou de l'oublier, lui rendirent la vie odieuse. Les Anglais ont toujours été sujets à une noire melancolie qui
degenère en un mal incurable, qu'ils appel-
lent *confomption*. Sir Park paraissait insen-
fible à toutes les bontés de *Henri*; il lui dit
ingenuement qu'il avait une passion violente
& malheureuse dans le cœur; & que rien ne
pouvant adoucir une Française qu'il aimait,
il était resolu de se laisser mourir. *Henri*
s'informa qui elle était, & la fit demander
à madame de Montmirel sa mère. La Comtesse se voyant sans biens & sans appui, de-
termina sa Fille à ne plus maltraiter sir Park,
& l'obligea d'accepter l'honneur que le Roi
d'Angleterre voulait lui faire. Mademoiselle
de Montmirel, touchée de la perseverance
d'un Amant si tendre & si fidèle, se rendit.
Le mariage se conclut, & fut celebré avec
beaucoup de magnificence.

»Mademoiselle de Montmirel, devenue
mylady Park, aima d'abord son Mari par
devoir, & bientôt après par inclination. Ils
jouirent longtemps de leur bonheur, & laif-

se rent

sèrent une nombreuse postérité. HENRI VIII roi d'Angleterre, épousa dans la suite une Heritière de cette Maison ; & vous descendez, mon fils, de la branche dont elle était. Mes Ancêtres, connus sous le nom de Seigneurs de BERTRAUD & de VILLIÈRS, ne le cèdent en rien à ceux de votre Père. Comme vous êtes prêt à vous separer de moi, (que peut-être c'est pour toujours) il était à-propos de vous transmettre cette tradition de notre famille, que tout le Berri peut vous atester (7) ».

APRÈS ce long narré, ma Mère me fit ouvrir la porte, & continua de me donner ses conseils pour me conduire sagement dans le monde, soit que je restasse

---

(7) *Note de l'Auteur*]. Une observation que j'ai faite depuis sur cette Histoire (qui est bien reellement une tradition de famille) c'est qu'on y voit la veritable raison des prompts succès de *Charles VII* ; le Roi d'Angleterre avait la mauvaise politique de favoriser trop ouvertement ses anciens Sujets, & d'applaudir à leurs avantages sur les Français. Alexandre fut bien plus sage, lui qui prenait les mœurs des Perses, au risque de mecontenter les Macédoniens.

1 Partie.   E

Ecclesiastique, ou qu'un Protecteur auquel elle alait me recommander, me fît
prendre un autre état.

Le lendemain, jour de mon depart,
madame D'Yran vint me trouver dès le
matin : —J'ai passé la nuit à r'écrire mes
Lettres, me dit-elle ; j'y trouvais toujours
les choses trop faiblement exprimées ; enfin, elles sont conçues de-manière, que
j'en espère beaucoup. Adieu, mon cher
fils—. Elle m'embrassa les larmes aux
yeux, me remit un paquet pour le Seigneur auquel on fesait honneur de mon
existance, me recommanda vingt fois la
sagesse, & me laissa partir.

Je termine ici le Ier Livre de ces Memoires. Je suis prêt d'entrer dans un monde nouveau pour moi ; ma raison va se
develloper, l'homme doit remplacer l'enfant, & les faits qui me restent à parcourir seront d'une toute autre importance
que des tours d'écolier, ou les Avantures
de mes Ayeux *maternels*, quoique ma Mère
leur fasse coudoyer une Tête-couronnée.

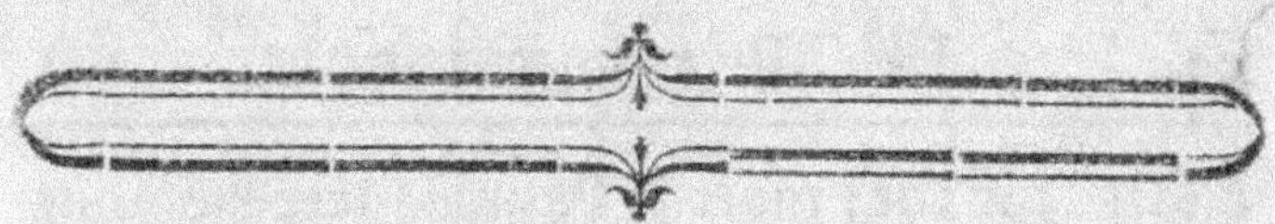

LES NOUVEAUX
MEMOIRES
D'UN
HOMME-DE-QUALITÉ.

LIVRE SECOND.

JE n'avais pas encore vingt ans, lorsque je me vis abandonné à ma propre conduite. Arrivé dans la Capitale, je portai mes Lettres à mon prétendu Père: en les présentant, je lui fis un compliment dont il me parut satiffait. Il alait se mettre à table : —Monſieur l'Abbé, me dit-il, vous dînerez avec moi; je vous donnerai bonne compagnie—. Je fis la reverence, & j'acceptai l'offre, ſans attendre qu'on le réiterât.

On ſe mit à table. Comme de raison je me plaçai le dernier. Je n'avais pas tout-

E 2

à fait l'air sot ; mais je l'avais furieusement embarraſſé. Scrupuleux obſervateur des règles de la civilité provinciale, je fesais tout par compas & par mesure ; je tenais preſque toujours mes yeux ſur mon aſſiette. Je n'ôsais demander à boire qu'après les autres ; & quoique j'euſſe autant d'appetit que Jeune homme de mon âge, dans la vue de paraître bien élevé, je ne mangeai preſque rien (8).

La compagnie dont mon nouveau Protecteur m'avait parlé, était composée de la Ducheſſe ſon Épouse, d'un Abbé, d'un Marechal-de-France, & d'une Dame qui me parut l'amie intime de la Maitreſſe de la maison. S'il m'arrivait quelquefois de lever les yeux de deſſus mon aſſiette, je les jetais à la derobée ſur cette Dame, dont il me ſemblait que je me fuſſe mieux accomodé que de mon Breviaire. Le Marechal ſ'aperçut de mes furtives œilla-

---

(8) Il n'y a plus de ces *honteux*-là ; mais on voit beaucoup de genſ, qui, ſans écouter les cris de leur eſtomac, jouent la ſanté delicate, & font les dégoutés au meilleurs tables.

des : –Monſieur l'Abbé, me dit-il, d'un air
enjoué, vous me paraiſſez un égrillard !
Eſt-ce que les belles Dames ne vous de-
plairaient pas––? Je rougis, je me de.
concertai ; les Conviés en rirent, & for-
mèrent la peu courtoise resolution de ſe
divertir à mes depens. Le Maître-de-la-
maison prenant la parole : ––L'Abbé, me
dit-il, en me montrant l'Amie de ſon Épouse, comment trouvez-vous Madame––?
Je m'étais un peu remis. ––Monſieur, lui
repondis je, un nouveau-debarqué n'eſt
pas un bon juge de la beauté ; ce que je
pourrais dire de celle de Madame, ne
ſerait pas aſſés delicatement tourné pour
lui faire plaisir ; c'eſt pourquoi je vous
prie de trouver bon que je me renferme
dans le ſilence qu'exige mon état––. Cette
reponſé parut ſage ; elle mit un peu les
rieurs de mon côté. La Dame, qui juſ-
ques-là n'avait pas fait grande attention
à ma figure, m'honora d'un coup-d'œil.
Je ne ſais trop ſi ma physionomie eut le
bonheur de lui plaire, ou ſi elle eut pitié
de mon embarras ; mais elle me prit ſous

fa protection, & s'écria qu'on devait
excuser la timidité de mon âge. —Je lui
permets (continua-t-elle) de me regarder tant qu'il voudra ; un Abbé doit savoir
de bonne-heure l'art de lorgner les femmes. En ce cas-là, Madame (repris je),
il est glorieux de faire son apprentissage
sur un objet qui merite les regards de toute
la terre. —Comment-donc, reprit le
Marechal, monsieur l'Abbé est flateur !
—Il y a si peu de temps (repondis-je),
que je suis à Paris, que je n'ai pas encore
appris l'art de deguiser mes sentimens : un
Provincial ne dit que ce qu'il pense—.
On changea de discours : mais de temps-
en-temps l'on revenait à moi, par des
questions auxquelles je repondis de mon
mieux ; on m'en fit des complimens ; j'en
arrachai même de l'Abbé, vrai Narcisse,
aussi ridiculement épris de sa figure fade
& de ses prétendus talens, que sobre ad-
mirateur du merite d'autrui. C'était un
de ces Beaux-esprits difficiles, qui ne
trouvent rien à leur gré, qui critiquent
plutôt par air que par goût, & s'imagi-

nent donner d'eux une grande idée, en de-
daignant tout ce qu'ils n'ont pas creé. Ces
gens au ton decisif dont Paris fourmille,
m'en imposèrent d'abord ; je les respectais
comme des oracles : mais enfin, je m'y
accoutumai, & je n'ai rien trouvé dans
la plupart qui repondît à l'importance
qu'-ils se donnent, & au prétendu savoir dont ils se parent.

Le repas fini, j'entrai dans le cabinet
de M. De*** ; il parcourut les Lettres de
ma Mère, & m'assura qu'elle était folle
Je n'ôsai le contredire, & j'ajoutai, que
ne pouvant pas avoir l'honneur d'être
tout-à-fait son fils, je le suppliais de m'accorder celui de sa protection. Voyant qu'il
m'écoutait favorablement, je pris sur
moi de lui ouvrir mon cœur, & de lui
dire, que la première grâce que je lui
demandais, était de faciliter mon entrée
aux Mousquetaires. — *Aux Mousquetaires!*
(s'écria-t il) *est-ce pour être leur Aumô-
nier?* —Non, Monsieur (lui repondis-je),
c'est pour être Mousquetaire moi-même ;
je ne porte le petit-collet que malgré moi ;

E 4

je me fens du goût pour les armes, & je
tâcherai de ne me pas rendre indigne de
ce que vous ferez pour mon avancement
—Après avoir un peu combattu ce deffein, il me dit de revenir dans quelques
jours en habit plus convenable à mes nouvelles vues, & qu'il me mènerait chés M.
de Maupertuis. ——Ce n'eft pas tout, (lui
repondis-je) j'ai un benefice, & je crois
ne pouvoir mieux reconnaître la grâce
que vous m'accordez, qu'en vous priant
d'en difposer en faveur d'un Sujet plus digne que moi de l'honneur du petit-collet ;
je fuis tout prêt à faire ma resignation——.
Je fus pris au mot ; M. De*** ordonna
fur-le-champ qu'on avertît un Notaire,
& pourvut de mon Prieuré, le fils de
fon Intendant, qui, fans-doute, fe trouva
la vocation & les difpositions neceffaires
pour profiter de ma depouille : l'affaire fut
terminée avant que je fortiffe.

Que j'eus alors de regret à mes cheveux ! J'avais la plus belle tête du monde
avant qu'on les eût reduits à la longueur
de mes oreilles. Les doubles-louis de ma

Mère me furent d'un merveilleux usage ; je me mis proprement, mais sans affectation, tâchant de me donner un air guerrier plutôt qu'une mine effeminée. J'étais si charmé de me voir une plume blanche sur l'oreille, & l'épée au côté, que je ne pouvais me lasser de me regarder dans un miroir. Quand je songe au temps que j'employai à placer mon chapeau de cent façons differentes pour le mettre de bonne-grâce, j'avoue que j'étais bien fou ! ... Mais le suis-je moins à-present, d'écrire toutes ces bagatelles ?

Je fus reçu dans les Mousquetaires : j'étais présenté de trop bonne-part pour ne pas être agreé. On sait que les deux Compagnies sont composées de l'élite de notre Jeunesse ; j'y fis des connaissances aussi utiles qu'honorables, parmi lesquelles je nommerai M. *De Courdeval*, gentilhomme de ma province, & l'un des bons cœurs que j'aie connus. J'aurai occasion d'en parler dans la suite, & de donner son Histoire, telle qu'il me l'a racontée lui-même, après m'avoir rendu un si

gnalé ſervice. Je fis la campagne de 1703.
M. le Duc de *Bourgogne* commandait l'ar-
méé d'Allemagne. On ne pouvait mieux
commencer : je brûlais du desir de me
diſtinguer ; Nimègue & Spire m'en pro-
curèrent les occasions. J'eus le bonheur
d'y faire des actions qui furent remarquées
de M. le Duc de Bourgogne & du Marechal de Tallard. Le Prince & le Marechal
eurent la bonté de me donner quelques
louanges , & je crus que ce ferait tout ce
que j'en retirerais.

L'hiver fuivant , étant à l'ordre à
Verſailles , M. le Duc de Bourgogne me
vit & me reconnut. —N'êtes vous pas
(me dit-il) le Mouſquetaire qui montra
une fi belle resolution devant Nimègue &
devant Spire ? —Je lui repondis que j'é-
tais bienheureux qu'il daignât fe reſſou-
venir de moi ; que je tâcherais dans la ſuite de me rendre plus digne de ſon attention. —Je veux (interrompit ce Prince)
vous mettre en état d'y réuſſir—. Il me
dit de le fuivre dans ſon cabinet. Je crus
ma fortune faite ; je ne me trompai

pas entièrement : il me donna trente louis-d'or & une Lettre qu'il écrivit devant moi au Miniſtre, M. de Chamillard, m'ordonnant de la rendre en main propre. Je ne ſais ce qu'elle contenait ; mais quand je l'eus remise, & que le Miniſtre l'eut attentivement lue, ſans me faire connaître ce que j'en devais attendre, il me dit de le venir trouver le Dimanche ſuivant à l'iſſue de ſon dîner Je n'y manquai pas ; on m'introduisit dans ſon cabinet ; il me ſourit, & prenant un papier ſur ſa table, il me le donna, en me disant que j'allaſſe remercier M. le Duc de Bourgogne. Enſuite m'ayant lui-même ouvert la porte, il me congedia. Je petillais de ſavoir ce qui était contenu dans ce bienheureux papier. A-peine fus-je ſeul, que je jetai avidement les yeux deſſus ; j'y trouvai que le Roi me fesait Lieutenant de Cavalerie dans le Regiment de ***, ancien corps, & l'un des meilleurs du Royaume. Je fus ſi tranſporté de joie de me voir, après ma première campagne, plus avancé que tel Mouſquetaire qui

fervait dès l'autre guerre, que je ne me
poffedais pas. J'étais dans cette ivreffe
lorfque je fis la reverence à M. le Duc de
Bourgogne ; je me jetai à fes genoux,
laiffant à mes yeux & à mes geftes le foin
de lui expliquer ce que je penfais. Il n'a
pas tenu à moi, dans les campagnes fui-
vantes, de faire le facrifice de ma vie,
pour mieux marquer ma reconnaiffance
à mon augufte Bienfaiteur.

Le lendemain, j'alai chés M. De *** : ma
vanité trouvoit trop fon compte à l'inftruire de ma bonne-fortune, pour differer
plus longtemps de lui en faire part. Il me
reçut comme fi j'euffe été fon fils reconnu.
J'y trouvai à-peu-près la même compagnie
que la première-fois, &, ce qui me fit un
veritable plaisir, la Dame dont j'ai deja
parlé (qui fe nommait la Marquise de***).
Elle me fourit, m'agaça ; & je lui debitai
de ces douceurs qui font dans la bouche
de tous les Cavaliers. Elle y prit plus de
goût que je ne m'y étais attendu : & moi,
qui ne voulais que m'amuser un inftant,
je me vis ferieusement embarqué, dans

une affaire galante. La Marquise me dit tout-
bas, lorsque j'étais sur-le-point de la quitter, qu'elle irait jouer le lendemain chés
Mme de Monesterol; que si je voulais me
trouver à la Comedie, elle m'y mènerait,
& qu'après le jeu, si je la trouvais encore
aimable, elle pourrait me faire naître une
occasion de lui en donner des marques (9).

Je n'avais garde de manquer un aussi
agreable rendez-vous. Tout s'y passa comme il convenait, & nous fûmes si contens
l'un de l'autre, que nous ne nous en tinmes
pas à ce premier tête-à-tête. Elle m'apprit
ce que je devais faire pour m'introduire
chés elle par le moyen de son Mari même.
J'y réussis, & notre intrigue dura tout le
temps que je restai à Paris, sans refroidis-
sement & sans alarmes.

Il venait chés elle une Dame qui, à
quarante ans, se croyait encore jolie: elle

____

(9) Cette manière n'est pas celle que l'on decrit
ordinairement dans nos Brochures; mais on prie le
Lecteur de se ressouvenir, que c'est un Homme-
de-guerre qui raconte naïvement ce qui lui est
arrivé.

avait une fille qui l'était véritablement ;
mais qui s'était gâté l'efprit à force de
vouloir trop en avoir. Elle favait fon *Lu-
crèce*, fon *Defcartes*, fon *Bayle* par cœur,
& ne parlait d'autre chose. Ma Maitreffe
les haïffait toutes les deux ; la Mère parce
qu'elle lui avait enlevé un Amant dont elle
regretta longtemps la perte ; la Fille,
parce qu'elle plaisait à fon Mari : ce dernier fujet de haîne était affès leger ; mais
on fait bien que les femmes ne veulent
rien perdre. La Marquife me pria de les
tourner en ridicule dans quelque petite
pièce de vers. J'en avais mêlé quelquefois
dans les Lettres que je lui avais écrites ;
ainfi je n'aurais pu m'excuser fur ce que
je n'en favais pas faire ; d'ailleurs, étais-je
en droit de lui rien refuser ? La première
fois que je la revis, je lui donnai un Ron-
deau de ma composition. Mais le Lecteur
voudra bien que je lui faffe grâce de cet effor
critique de ma Muse : le perfiflage ne fut jamais mon lot, & je le hais fi fort dans les
autres, que je n'ai garde de rapporter ce
qu'on peut avoir arraché de ma complai-

sance dans ce genre là. J'avouerai même,
que ce faible dans la Marquise, m'empêcha
de la regretter autant que je l'aurais fait.

Je partis au bout de quelques jours, & je
n'ai pas su quel avait été le succès
de ma satyre. Je me trouvai aux ba-
tailles d'*Hofchtet* & de *Ramillies*. J'étais
par bonheur, lors de la première, dans
l'armée du Marechal de *Marcin*, qui fut la
moins maltraitée. Je fus blessé à *Ramillies*,
& peut s'en falut que je n'y restasse prison-
nier. Mon Père mourut l'année suivante.
Ma Mère l'avait devancé de quelques mois.
J'eus permission d'aler faire un tour chés
moi, pour y recueillir les debris de leur
succession. J'avais besoin d'argent ; je ven-
dis tout ce qu'on voulut acheter ; & je
donnai pour un millier de pistoles ce qui
en auroit valu quatre , si j'avais été en
état de le faire valoir.

Le Regiment de ***, où je servais encore, mais où j'étais Capitaine, souffrit beaucoup dans l'affaire : d'*Oudenarde* il fut mis
en quartier d'hiver dans une ville de Picardie où les hommes & les chevaux eu-

rent le tems de se refaire. C'est dans cette ville qu'il m'arriva des choses qui doivent influer sur tout le reste de ma vie, puisqu'elle vont m'obliger de quitter non-seulement le service, mais de chercher un asile dans les pays étrangers. Si l'on trouve quelque chose d'extraordinaire & même d'incroyable dans ce que je vais dire, qu'on s'en prenne à la bisarrerie de la fortune, qui, après d'heureux commencemens me préparait une longue suite de revers. Je ne suis pas du caractère de ceux qui n'écrivent que pour mettre du merveilleux dans leurs Ouvrages, aux dépens du bon-sens & de la vraisemblance & plus souvent encore auxdepens de la reputation des personnes qu'ils introduisent sur la scène. Je rapporte des choses vraies, & suis très-fâché qu'elle le soient, au moins en partie. Je repandrais sur des mensonges que j'aurais inventés plus d'agrémens qu'on n'en trouvera dans ces Memoires ; les verités tristes ne sont pas susceptibles d'une narration brillante & fleurie. C'est pourquoi ceux qui préfèrent des fables divertissantes

tissantes à des faits serieux & sensés, ne
trouveront pas leur compte en me lisant.
Il n'est pas jusqu'aux *Episodes* assés longs
que je me suis permis, où l'on ne trouve
la même teinte sombre, quoique le debut
en soit quelquefois assés enjoué. Mais re-
venons à mon Histoire.

Un homme qui avait fait assés belle-fi-
gure dans le monde, & qui avait mené la
vie de garson jusqu'à quarante ans, s'avisa tout-à-coup, à cet âge, de se retirer
dans une Terre qu'il avait auprès de la
ville où j'étais en quartier-d'hiver. Se-
questré depuis plusieurs années dans son
château, & joignant une folie à une autre, lui qui pouvait prétendre aux meilleurs Partis, il ala se coîfer de la fille de
son Bailli, qu'il ne put mettre-à-mal. En-
consequence de l'épreuve, il crut devoir
recompenser sa vertu en l'épousant, &
l'acte paraîtra d'autant plus meritoire, qu'-
elle n'était ni jolie ni riche : mais les faits
n'ont que trop souvent prouvé que ces
deux qualités essencielles ne sont pas toujours necessaires aux femmes pour nous

tourner la tête. Le caprice & le je-ne-sais-quoi influent presque toujours sur les mariages. Le Gentilhomme dont je parle, eut du sien une fille, que sa Femme nourrit elle-même ; &, cinq ans après, aussi aimée de son Mari que le premier jour, craignant peut-être qu'il ne vînt à changer, elle prévint ce malheur, en mettant elle-même (dit on) un terme à sa vie. Cette manière d'éviter l'inconstance d'un Mari est nouvelle, & je crois ne sera pas imitée.

Deschamels, (c'est le nom du veuf) souffrit cette perte fort impatiemment ; il jura aux mânes de sa femme de ne jamais se remarier, & tint parole.

La petite fille qui se nommait *Placidie*, était si jolie à cinq ans, qu'après avoir évité les ravages de la petite verole, elle devint un prodige à quinze. Son Père en fit son idole ; il l'éleva avec des soins & une tendresse infinis : Livres, Maîtres, instrumens, rien ne fut épargné pour former la Jeune-personne, & lui donner les grâces exterieures. Quant au cœur & à l'esprit, il ne voulut s'en rapporter qu'à lui-même. Placidie, aussi spirituelle que jolie, était l'admiration de tous ceux qui venaient chés son Père; rien de puéril dans ses actions, rien de commun dans ses manières; c'étaient des demandes & des reponses audessus de son âge : on remarquait en elle une insinuante douceur, une politesse aisée, une égalité d'humeur inalterable. A tous ces avantages, la prodigue Nature avait ajouté une voix harmonieuse, aussi touchante quand elle parlait, que ravissante quand elle chantait : elle dansait, elle dessinait . . . que sais je ce qu'elle ne fesait pas en perfection !

Deschamels, tant qu'elle ne fut qu'une enfant, recevait chés lui toutes sortes de personnes : mais dès qu'elle eut atteint l'âge de douze à treize ans, sa maison fut inaccessible à tous les Jeunes-gens. Ceux à qui elle avait plu (& l'on peut croire que le nombre n'en était pas mediocre) furent très-surpris : les uns la demandèrent en mariage; les autres tâchèrent de gagner quelques Domestiques de Deschamels pour s'introduire dans sa maison : mais tous en furent pour leurs demarches : il avait bien d'autres vues pour sa Fille, comme on ne tardera pas à le voir.

J'avais entendu parler de Placidie, comme d'un prodige, sans y avoir fait beaucoup d'attention. D'autres affaires m'occupaient. Les Femmes de mon quartier d'hiver étaient assés jolies, & rien moins qu'intraitables avec les Officiers. J'étais dans un âge où l'on vole sans reflexion au-devant des plaisirs : peu touché neanmoins des liaisons dont le libertinage fait l'unique agrement, je voulais que le cœur eût quelque part à mes intrigues amou-reuses. Je n'aimais pas longtemps à-la-verité ; mais j'aimais de bonne-foi. Enfin, après quelques avantures sans consequen-ce, je m'attachai d'une manière plus solide.

La Lieutenante-generale était une petite brune très-piquante, qui joignait à beaucoup de petulance, l'esprit d'une Provinciale qui n'a pas été trop bien élevée : elle avait l'œil vif, de la gorge, de l'enjoûment, & du goût pour moi,

(ou pour le plaisir.) Je ne la vis pas non-
plus avec indifference : ainsi dès que nous
nous connumes, nous nous embarquames.
Le temps que je ne pouvais lui donner,
je le passais soit au jeu, soit à la chasse ;
souvent même elle partageait avec moi,
& la chasse & le jeu. Quand j'étais de
tièrs à l'hombre avec elle, j'étais sûr,
quoique je fisse, de gagner ; elle avait de
la delicatesse, &, croyant qu'un Officier,
n'a jamais trop d'argent, elle voulait que
sa perte me tînt lieu de ce qu'elle n'ôsait
me donner ouvertement. Je lui en savais
bon-gré ; mais je lui rendais en bijoux ce
que je lui gagnais aux cartes. Notre intelligence alait le mieux du monde. Son Mari
était à Paris à la poursuite d'un procès
qu'il avait contre le Président au Présidial
de cette ville, dont la charge était de nouvelle érection.

Dubourg, mon Lieutenant - colonel,
brave homme, bon ami ; mais plus propre à conduire les travaux d'un siége,
qu'à reduire une Femme dans les règles
de la galanterie, s'était mis au rang des
Adorateurs de la Lieutenante-generale.

J'étais le préferé ; mais je n'étais pas le seul amant ; elle était (pour-ainsi-dire) le rendez-vous des cœurs de toute la ville ; ils pleuvaient chés elle ; c'était la Volière de madame d'Ussé (10).

Dubourg, tel que je viens de le depeindre , parla dès qu'il en trouva l'occasion, & le fit d'une manière très-significative. La Lieutenante , soit par amour pour moi , soit par indifference pour lui , ne l'écouta que pour le bien gronder : très-expresses defenses lui furent faites de hasarder jamais de pareils discours. Il ne se le tint pas pour dit , & la parole lui étant ôtée , les lorgneries & les petits-soins alèrent leur train : elle en fut importunée ; elle le maltraita de-plus-belle ; & le poussa d'une manière si hautaine qu'elle le reduisit à lui faire des menaces. Menacer une femme, qui se croit jolie ! outre que ce procedé n'est pas d'un galant homme , c'est un crime irremissible de lèse-galanterie. Aussi la Lieutenante jura-t-elle de l'en faire repentir.

---

(10) Voy. les *ALLEGORIES* de J. B. *Rousseau.*

Je lui parus propre à servir sa vengeance; elle m'exposa ses sujets de plaintes
contre Dubourg , m'exagera l'étendue de
ses torts , & finit par me demander si je
l'aimais ? ——Si je vous aime , madame !
(lui repondis-je) en douteriez-vous——?
Et j'alais debiter une belle tirade de tendres protestations. ——Laissez de vaines
paroles (interompit-elle vivement) ; c'est
par des actions que vous alez me prouver
si je vous suis chère. Dubourg me deplaît;
il m'a offensée ; defaites-moi de lui. ——Je
suis son inferieur (repondis-je) : mais
quand il serait le mien , la jurisdiction
militaire ne s'étend pas jusqu'à l'amour ,
& je ne serais pas en-droit d'exiger de
lui de ne vous point aimer , de ne point
vous le dire , & de ne point aler chés
vous. ——Je vois que vous ne m'entendez
pas (repliqua-t-elle brusquement) ou que
vous faites-semblant de ne me pas entendre : Batez-vous contre lui ; tuez-le , ou
ne lui donnez la vie qu'à condition qu'il
ne paraîtra jamais devant mes yeux.
——Quoi ! madame , (lui dis-je) vous exi-

gez que je me coupe la gorge avec mon meilleur Ami, parce qu'il vous aime , & que vous le haïssez ! C'est tout ce que je pourrais faire , s'il m'avait enlevé votre cœur. —Ainsi donc (reprit-elle) vous ne voulez rien faire pour une personne qui a tout fait pour vous ?... Voila ce que c'est que d'avoir des bontés pour... de certains fats... qui font les braves & les matamores en parlant de leurs prouesses imaginaires ; & dont la couardise se montre dans toute sa turpitude , lorsqu'on leur demande une faible preuve de leur courage... Va , lâche , je trouverai quelqu'un qui me vengera de Dubourg & de toi—. Je soutins ces longues phrases en vrai héros de tragedie , & lui laissai jeter son feu sanslui repondre. Je l'avais sincèrement aimée : ce trait m'ouvrit les yeux ; je compris qu'une intrigue de garnison ne pouvait pas être un veritable attachement. Je pris le parti que me dictait la raison , & je quittai la Lieutenante , en me promettant bien de ne jamais revoir une si pernicieuse Creature.

La

La saison avançait, je croyais partir dans huit ou dix jours, & qu'ainsi je n'aurais pas de peine à l'éviter pendant si peu de temps. Mais les choses vont tourner d'une toute autre manière.

Dubourg, qui ne savait rien de cette conversation (car je n'avais pas jugé-à-propos de lui en faire part), continuait de lorgner la Lieutenante-generale partout où il pouvait la trouver. Il fut bien étonné de s'apercevoir qu'on lui rendait coup-d'œil pour coup-d'œil. Charmé de sa bonne-fortune, il s'approcha de la Lieutenante, & s'enhardit jusqu'à parler encore une fois. Ce ne fut plus cette tygresse qui avait voulu le devisager : à toutes ses rigueurs succeda l'accueil le plus obligeant. Dubourg crut qu'il devait profiter d'un caprice peut-être passager; il devint pressant, & demanda en habile homme une conversation plus particulière : il l'obtient, avec un rendez-vous pour le lendemain.

Jugez de l'impatience avec laquelle l'amoureux Dubourg passa la nuit : idées agreables, fonges legers, avantgoût des plaisirs, tout concourait à lui procurer des momens auffi delicieux, que l'attente en eft penible & tumultueuse. Ce ne fut pas tout : ce vrai Militaire, le plus negligé de tous les hommes, & qui fe fouciait le moins de l'élegance, voulait aler en pofte à Paris, pour y paffer la nuit chés un Baigneur : mais ayant fait reflexion que la fatigue du cheval aneantirait plûs qu'il n'aurait acquis, il fe contenta de fe poudrer, de fe parfumer jufqu'aux yeux ; & l'habillement guerrier fit place à la parure effeminée d'un petit-maître. Le jour f'écoula dans les occupations de cette ridicule toilette. Quatre heures fonnèrent : c'était l'inftant du rendez-vous. Dubourg y vole : il trouve la Lieutenante dans l'équipage d'une perfonne qui va fortir ; l'écharpe & la coïfe mise, demandant fes gants & fon manchon. Cela lui fut d'un mauvais augure. —Monfieur, lui dit-elle en defcendant l'efcalier, vous m'acquerreriez à trop bon-marché, f'il ne vous en coûtait que deux mois de perſeverance : mon cœur ſe met à un plus haut-prix ; pour en devenir le maître, il faut vous en rendre digne. —Qu'exigez-vous de moi, madame, pour un ſi grand bonheur (reprit-il)? La vie du Chevalier D'Yran (repliqua-t-elle) : immolez-le à mon reſſentiment, de manière ou d'autre, & je ſuis à vous—. Dubourg combatu entre l'honneur & le desir de la poſſeſſion d'une belle Femme qu'il adore, heſite, & ne repond point. Le combat fut court, mais violent : la vertu triompha : —J'étais bien fou (lui dit-il) de me laiſſer tromper par le faux radouciſſement d'une Coquète ! J'eſtime fort vos bonnes-grâces ; mais ſi l'on ne peut les meriter que par un aſſaſinat, je ne ſuis point votre homme ; pourvoyez-vous ailleurs—. Et lui fesant une profonde reverence, il ſe retira; non ſans pouſer un ſoupir, & ſans la regarder encore.

Deux Soldats de ma propre compagnie ſe trouvèrent de meilleure composition. Vingt piſtoles données ou promises à chacun deux, leur firent entreprendre de

m'affaciner lorfque je ferais à la chaffe.
Malheureusement le jour qu'ils avaient
choifi pour commettre leur crime, le gi-
bier avait donné; j'avais tiré jufqu'à mon
dernier coup, & je revenais accâblé de
laffitude, & chargé de perdrix. J'étais
feul, m'étant écarté de ma compagnie,
& je paffais dans un petit bois à deux-
cents pas de la maison de Defchamels,
lorfqu'un de mes Coquins me lâcha fon
coup-de-fusil à bout-portant : ma gibe-
cière en amortit l'effet; & tandis que je
tournais la tête du côté d'où venait l'attaque, l'autre me dechargea le fien dans
l'épaule, & me la rompit. Je tombai noyé
dans mon fang; ils me crurent mort, &
fe retirèrent tranquilement à la ville. En-
effet, il f'en falait de bien-peu qu'ils
n'euffent executé les ordres d'une Femme cruelle & vindicative.

Defchamels, qui avait chaffé avec
moi, f'en revenait chés lui; il me trouva lutant entre la vie & la mort. Il était
prefque nuit; & d'abord il eut quelque
peine à me reconnaître. Enfin m'ayant

regardé de plus près : —Quoi ! M. D'Y-
ran (s'écria-t-il), c'est vous—? Je n'é-
tais pas en état de lui repondre ; j'avais
perdu connaissance. Il envoya son Valet
chercher du secours, & me fit porter dans
sa maison, où l'on eut beaucoup de peine
à me deshabiller ; mes mouvemens étaient
douloureux, mes membres roidis, mon
habit & mon linge hâchés dans ma blessure. Le Chirurgien la trouva mortelle.
Lorsque j'eus repris connaissance, je
voulais qu'on me transportât à la ville.
Deschamels s'y opposa, me pria de rester chés lui jusqu'à ma guerison, & m'assura que j'y serais traité comme son
Frère.

J'avais lié une veritable amitié avec
lui, j'acceptai son offre sans beaucoup
de difficulté. La cure fut longue &
difficile : bien m'en prit que le Chirurgien qui me pansait fût habile-homme !
Enfin je gueris. Il ne me falait plus que dix
ou douze jours pour me mettre en état de
souffrir le cheval. Le Regiment était parti ; j'avais mandé mon accident à M. de

G 3

Chamillard, & j'en avais obtenu un congé de six semaines, qui était sur-le-point
d'expirer.

Un-jour, raisonnant ensemble, Deschamels & moi, sur le malheur qui m'é-
tait arrivé, il me dit qu'il avait cru d'abord
qu'on voulait me voler; mais que m'ayant
trouvé mes habits & mon argent, il avait
changé d'idée. —Je me doute, lui repondis je, d'où vient le coup; mais puisque
j'en suis rechappé, il est inutile de faire
éclater la chose—.

Dubourg m'était venu voir; il m'avait
conté tout ce que je viens de dire de la
Lieutenante-generale; il avait ajouté qu'-
elle n'avait pu si bien se deguiser, lorsque
le bruit de mon accident se repandit,
qu'elle n'eût laissé paraître une maligne
joie. Ce recit avait fortifié mes soupçons,
ou plutôt les avait confirmés. Mais quelle
vengeance tirer d'une femme ! Je l'avais
aimée, j'en avais été aimé : quelque indigne que son procedé la rendît d'aucun me-
nagement, je respectai mon choix, &
j'eus la delicatesse de dissuader Dubourg

que ce fût elle qui m'eût fait affaciner. Je
me contentai de lui recommander d'avoir
l'œil fur deux Cavaliers que je lui nom-
mai ; lui fesant entendre obfcurément qu'-
ils en voulaient à leurs Officiers, & qu'ils
feraient dangereux dans une action. J'appris
dans la fuite que je ne m'étais pas trompé dans mes conjectures, & qu'ils avaient
été punis.

Pendant tout le temps que je gardai le
lit, je ne vis point la belle Placidie, &
Defchamels n'avait eu garde de me la
montrer depuis ma convalefcence. Je n'é-
tais pourtant guères redoutable. Pâle,
defiguré, à peine revenu des portes de la
mort, pouvais je faire quelque impreffion
fur une Jeune-perfonne, ornée de toutes
les fleurs du printemps & de la beauté ?
Le politique & defiant Defchamels en
jugeait autrement ; & voulant préferver
fa Fille de la plus legère apparence de
danger, il la derobait à la vue de tous les
hommes, plus foigneufement que les
Afiatiques ne renferment au fond d'un
ferail leurs belles & malheureufes Efcla-

ves. —Est-il possible, mon ami, lui disais-
je un jour, que vous me laissiez partir, sans
me procurer le plaisir de voir & de saluer
mademoiselle votre Fille ? & que vous ne
joindrez pas cette obligation à toutes cel-
que je vous ai deja ? Que craignez-vous ?
Quand j'en deviendrais amoureux à la
folie, pourrais-je toucher son cœur ? Je
n'ai que quatre jours à rester ici, je ne lui
parlerai qu'en votre présence, je ne la
verrai qu'une fois—. Il resista ; j'insistai :
enfin, plutôt fatigué que vaincu par mon
importunité, il consentit à une chose qui
lui fesait une peine infinie.

Il semble que nous ayions de certains
pressentimens des malheurs qui doivent
nous arriver. Une tristesse involontaire,
dont on ignore la cause, une agitation
tumultueuse, une repugnance insurmontable, mille mouvemens inconnus nous
troublent & nous tourmentent. Tel était
l'état de Deschamels en me permettant
de voir sa Fille. —Eh-bien, me dit-il,
d'un air peiné, Placidie soupera ce soir avec
nous. Homme cruel ! à quelle épreuve

mettez-vous mon amitié! combien la fatiffaction de votre curiosité me coûte & derange mes idées! Quand on f'eft tracé un
plan, il faut le fuivre, ou l'on n'eft qu'un lâche, indigne du fuccès. Cependant mon faible pour vous l'emporte ; & je crains bien
que ma complaisance ne me foit funef-
te——! Je voulus tourner fon inquiétude en
plaisanterie ; mais elle était trop ferieu-
se ; j'eus pitié de lui ; & fans un je-ne-fais-
quoi plus fort que cette pitié, j'aurais re-
noncé à voir Placidie. Si j'avais pris cette
resolution, mon fort était changé, le
charme était rompu, c'était un autre ordre de choses qui alait commencer pour
moi. Je n'aurais pas éprouvé les traverfes
qui m'ont accâblé ; Defchamels aurait
peut-être réuffi dans des projets qui l'euffent rendu heureux à fa manière ; j'aurais confervé la protection augufte d'un
Prince... Arrête, temeraire, & jète les
yeux fur les biens qui te font reftés : fonge qu'à la veille d'être Roi, ton Protecteur
fut enlevé à la France éplorée : fonge en-

fin de quî tu ês l'époux & le Père, & rends, aulieu de te plaindre, des actions-de-grâces à l'Être-suprême.

Je trouvai Placidie infiniment au-deſſus de tout ce que j'en avais ouï-dire, & de tout ce que j'en avais imaginé; elle était dans un negligé modeſte, & ſeduisant. Un battant-l'œil fait à l'air de ſon visage, en accompagnait le tour avec une grâce infinie; de grands yeux, trop brillans pour que je puſſe d'abord en demêler la couleur, me parurent noirs quand je pus les fixer; mais ils réuniſſaient la douceur & la tendreſſe des bleus à l'éclat & à la vivacité des noirs : un fourcil étroit & bien arqué, lui donnait un air majeſtueux, & contraſtait avec le lis de ſon teint : ſa bouche fermée fesait admirer le vermeil de ſes lèvres appetiſſantes ; ouverte, elle préſentait des dents parfaites & d'un émail éblouiſſant : chaque trait de ſon visage avait une grâce particulière, & concourait à former un tout accompli. Son fourire était enchanteur ; ſa physionomie fine, ſpirirituel-

le , mêlée de langueur & de vivacité ;
la finesse & l'élegance de sa taille ; ce qu'on
soupçonnait de sa gorge sous le mouchoir
jaloux qui la derobait aux yeux , la forme
seduisante de son pied delicat (11) , ache-
vaient de la rendre l'objet le plus propre à
faire naître le desir & la tendresse. Placidie me parut une divinité. Dans mon
enthousiasme , je dis tout-bas.

  Amour, n'en soit point irrité ,

Celle pour qui ton cœur s'est blessé de tes armes ,

Celle qui dans les Cieux fait ta felicité ,

  Psyché , n'eut jamais tant de charmes.

  Objet des vœux de tous les cœurs ,

  Divine & tendre Cytherée ,

  Tu n'as jamais dans l'Etherée

Offert aux Immortels tant de charmes vainqueurs.

 Je fis tous mes efforts , non pour resis-
ter aux attraits de la touchante Placidie ,
mais pour cacher à son Père ce qui se pas-

____

(11) Doù-vient que presque tous nos Peintres
rendent si mal cette partie , l'*abregé des gráces*
d'une Jolie-femme (suivant l'expression d'une
femme-Auteur ?) C'est faute de goût & de sensibilité.

fait dans mon âme. ——Je ne puis mieux vous exprimer (lui dis-je) ce que je penſe de mademoiselle votre Fille , qu'en la regardant de tous mes yeux. Ah ! Deſchamels ! il n'y a rien de plus beau ſous le Ciel ! ——N'ajoutez pas (me repondit-il) *ni rien de plus ſeduisant*. Regardez-la, admirez-la, louez-la; mais ne l'aimez pas——. Là-deſſus, pour faire diverſion, il me parla d'autre chose. J'en fus bien-aîse ; il m'échappait des regards furtifs, mille de ces petits riens qu'on fait malgré ſoi pour un objet qui plaît , & tout cela pouvait me trahir.

Deſchamels était grand nouvelliſle, & plus grand diſſertateur ſur les évènemens, qu'ils voulait toujours approfondir. Il ne tarda pas à me mettre ſur quelques actions de la guere préſente. ——J'aurais (disait-il) fait telle & telle chose dans cette occasion. Je me ſerais ſervi de tel moyen dans cette autre——. Je le laiſſais parler , & comme il ſ'échauffait , il me donnait quelquefois le temps de jeter les yeux ſur Placidie.

Il y avait à table avec nous un vieux

Gentilhomme de ſes voiſins , qui tenait merveilleuſement bien ſa partie dans les reflexions *tactiques*. Le Roi, les Miniſtres les Generaux étaient jugés definitivement par ces Politiques profonds. Je ne diſais rien ; mais Deſchamels m'adreſſant la parole : —Ne trouvez-vous pas (me dit-il) que Monſieur penſe fort juſte ? — Je ſuis Officier (lui repondis-je) , bon ſujet , zelée creature de M. le Duc de Bourgogne , ſerviteur des Miniſtres , ſoumis à mes Generaux : lorſqu'on me commande quelque choſe , j'obeis , comme le bras fait à la tête qui raiſonne pour lui. Voulez-vous que je tranche le mot ? j'aime mieux agir que de parler. Juſqu'ici je m'en ſuis trouvé aſſés bien , & ſi vous m'en croyez, nous ne paſſerons pas le temps d'un repas , deſtiné aux plaiſirs , à nous alambiquer dans des raiſonnemens inutiles ou temeraires. Buvons ; engagez la belle Placidie à joindre à la bonne-chère que vous nous faites , les charmes de ſa voix. —Si vous pouvez chanter (lui dit-il) , ſans vous incommoder , vous ferez plaisir à ces Messieurs, & je vous le permets——. Placidie obéit, & voici ce qu'elle chanta :

Que le cruel Amour tirannise les cœurs,

Que l'affreuse Bellone exerce ses fureurs ;

    Je ne crains l'Amour ni Bellone.

    Un Buveur avec du vin frais,

    Vit tranquile, rien ne l'étonne,

Et l'on voit pour lui seul toujours règner la paix.

Je me mêlais un peu de chanter ; plûs de methode que de voix, me fesait accompagner assés proprement. Nous chantames quelques scènes d'Opera, qui finirent le plus agreable souper que j'ai jamais fait. Je me retirai dans ma chambre, amoureux au-delà même de ce que je me croyais capable de le devenir. Tous les mouvemens, tous les desirs, toutes les idées, en-un-mot, toutes les extravagances de ceux qui commencent d'aimer, je les éprouvai. Mais ce n'était pas assés que d'aimer, il falait l'apprendre à Placidie, & la rendre sensible ; deux entreprises peu faciles, pour ne pas dire d'une impossibilité

abſolue. En-effet , j'étais ſur-le-point de
partir ; Deſchamels , ſelon toute apparence, ne devait plus avoir la facilité de
me laiſſer voir ſa Fille. Je n'ôsais m'a-
dreſſer à perſonne ; tout m'était ſuſpect :
j'aurais voulu de bon-cœur avoir encore
mes bleſſures. J'alai à la chaſſe le lendemain ; deux coups-de-fusil comme ceux
dont je venais de guerir , euſſent été le
plus agreable préſent qu'on eût pu me
faire ; ils auraient retardé mon depart ;
mais on ne rencontre pas toujours des
aſſacins à-point-nommé.

Deux jours ſe paſsèrent ſans que je
trouvaſſe aucun expedient pour ſortir
d'embarras. J'étais deſeſperé. Une imprudence ne m'eût pas coûté beaucoup ;
mais, outre qu'elle aurait tout gâté , il
n'y avait pas moyen de la faire ; je ne
ſavais pas même où était la chambre de
Placidie. L'Intelligence , bonne ou mauvaise , qui ſe mêlait de mes affaires ,
vint enfin à mon ſecours. L'aimable Perſonne tomba malade tout - d'un - coup.
Une fluxion-de-poitrine , accompagnée

d'une grosse fièvre, mit sa vie en danger. Le desolé Deschamels s'arrachait les cheveux, & me pria de rester encore quelque temps, ou pour l'aider à la guerir, ou pour l'aider à supporter l'horreur de sa perte. J'y consentis volontiers.

Le mal fut violent, & le peril égal pendant quatre ou cinq jours. Enfin, les remèdes, ou la nature, soulagèrent cette belle Malade. Il n'avait point été question de me la cacher ; j'étais à-tout-moment au chevet de son lit ; & son Père, trop occupé de sa douleur, ne s'apercevait pas qu'elle ne refusait rien de ce que je lui présentais. Dès qu'elle fut hors d'affaire, ses premiers regards tombèrent sur moi ; elle employa ses premières paroles à me remercier de mes soins. Je trouvai le moment de lui dire que je l'adorais ; elle m'écouta, me crut, & me laissa voir qu'elle me croyait avec quelque plaisir. Il n'est pas de cœur plus facile à prendre, que celui d'une Jeune-personne sequestrée, dont l'imagination s'est exaltée dans la solitude.

Le

Le trouble où sa maladie avait jeté
toute la maison, avait si fort distrait Deschamels & la Femme-de-chambre de
Placidie, qu'ils omettaient les choses
les plus necessaires; & j'aurais eu les
scènes les plus risibles par leurs inad-
vertances, si j'avais été dans une situation
à pouvoir m'en amuser. Ce fut ce trouble qui me mit à-même de faire une decouverte importante. Deschamels travaillait depuis longtemps, & dans le plus
grand secret, à un Manuscrit, qu'il avait
deja corrigé & retranscrit plusieurs fois
avant que de le lire à Placidie : il venait
d'y mettre la dernière main : les cayers
corrigés de ce manuscrit étaient encore sur
sa table, quand on lui annonça la maladie de sa Fille ; & dans son émotion,
il oublia de les serrer : les jours suivans ,
il n'y songea pas davantage ; de-sorte que
j'y jetai les yeux par hasard. Le titre me
donna la curiosité de lire ; & cette curiosité , jointe à la surprise que me causa
ma lecture, me fit naître la pensée d'en
tirer copie. J'y donnai le temps de la nuit,

I Partie.   H

comme le plus propre à me garantir de toute surprise. On va connaître par cet Écrit, quelles étaient les vues de Deschamels pour sa Fille. Il n'en fut jamais de plus singulières, & cette Pièce est originale. Elle montre un de ces hommes qui confondent les effets de la société, avec les loix physiques : on y decouvre, à chaque mot, que Deschamels mettait de niveau l'élevation du rang, & la surexcellence de nature. Un épigraphe tiré d'*Euripide*, indiquait assés clairement son but, & l'intitulé excluait tout équivoque.

C O N S E I L S

QUE JE DONNE À MA FILLE.

Méga ti théreúein 'aretàn,

Gunaixi mèn katà Cúprin

Kruptán : 'en 'andráfi d' aú'

Kófmos 'éndon 'o murioplêtês

Meízo pólin 'aúzei.

Il est beau de tendre aux choses difficiles & relevées; les femmes y parviennent par les plaisirs qu'elles procurent dans le secret ; les hommes, par les talens & les vertus qui servent la Patrie.

Iphigénie, II Acte, Scène IV.

VOUS n'étiez qu'un enfant, PLACIDIE, lorsque madame DESCHAMELS mourut. Vous perdites en elle une mère tendre, appliquée à ses devoirs ; & moi, je fus privé d'une Épouse fidelle, que j'aimais plus que ma vie. Vous me consolates de cette perte ; l'amour que j'avais partagé entr'elle & vous, ma chère Fille, vous le réunites tout-entier : je vous aimai, non-seulement parce que vous étiez ma

H 2

fille, mais parce que je decouvris en vous toutes les qualités qui peuvent rendre aimable. La nature & l'âge ont perfectionné votre beauté. Mes foins, fecondés de vos heureuses difpositions, vous ont rendue telle que je l'avais desiré : j'ôse dire que fi vous n'êtes pas accomplie, c'eft qu'il n'eft pas donné à une Mortelle de réunir toutes les perfections. Je ne parle point en père prévenu ; je parle en homme indifferent, juge équitable de votre merite.

Mais vos charmes, & ce merite diftingué, loin de vous rendre heureuse, pourraient un jour vous être funeftes : la nature & la fortune font rarement d'accord pour combler de leurs faveurs : il femble même que l'une ne travaille qu'à detruire ou qu'à perfecuter l'ouvrage de l'autre. Cependant, Placidie, quoi qu'on nous dise de l'étoile ou de la deftinée, nous fommes en quelque maniere, les artisans de notre bon ou de notre mauvais fort. J'avoue que la prudence humaine a des bornes, & qu'il arrive souvent des revers inopinés, dont toute notre prévoyance ne peut detourner la malignité : mais elle peut y remedier ; la patience & la fermeté nous soutiennent dans les disgrâces. J'ai tâché de fortifier votre âme, & de la rendre inebranlable dans ces évènemens affreux, qui abatent & decouragent la raison la plus forte. Mais, comme j'ai mieux auguré du sort qui vous attend, j'ai moins travaillé à vous armer contre la mauvaise-fortune, qu'à vous rendre digne de la bonne. Vous avez dans vous-même de quoi la meriter. Mes conseils vous indiqueront les moyens de vous y maintenir.

Pour cela, Placidie, il faut ne vous en jamais écarter ; y joindre dans l'occasion ce que l'experience & vos propres lumières vous suggèreront ; reflechir dans les choses sur lesquelles le temps vous permettra de reflechir ; & prendre sur-le-champ votre parti dans celles qui ne demanderont point de remise.

Mais des conseils vagues seraient insuffisans ; je vais descendre avec vous dans des details plus circonstanciés : & de crainte que des avis de l'importance de ceux que je vous donne, ne sortent quelque jour de votre mémoire, je crois devoir vous les mettre par écrit.

Vous savez, Placidie, que dès que vous avez eu l'âge de raison, j'ai tâché de vous faire comprendre, qu'une Fille qui a de l'esprit & de la beauté peut aspirer à tout : la nature & l'usage ont formé le lot des Belles de ce que la fortune a de plus flateur. Je voyais avec plaisir que les idées de grandeur fesaient une agreable impression sur vous ; que susceptible d'une noble ambition, vous desiriez avidement les honneurs & les plaisirs que je vous laissais entrevoir. Vous écoutiez mes conseils avec une docilité qui me charmait, & vous préveniez par vos questions les choses que je ne voulais vous apprendre que successivement. La Philosophie, la Fable, l'Histoire, quoique je ne vous les montrasse qu'en passant, n'avaient rien d'inaccessible à

votre penetration. Mais c'était uniquement
l'art de plaire que je voulais vous enfei-
gner, & vous y avez fait des progrès qui
ont furpaffé mes efperances.

Je vous retrace toutes ces chofes, Placidie, non pour vous donner de la vanité ; mais pour vous faire voir combien
vous feriez blâmable, fi votre conduite
ne repondait pas à vos lumières, & aux
heureufes difpofitions de votre enfance.

Les premiers hommes vecurent d'abord
dans une égalité de condition que je ne
crains point d'appeler ftupide. En-effet,
à qui était-elle favorable cette égalité ?
A ceux qui n'avaient ni l'efprit ni le courage de f'élever. Les âmes baffes & com-
munes, engourdies & fans reffort y trouvaient feules leur compte : elles jouif-
faient tranquilement d'un bien qui fe pré-
fentait de lui-même, qu'elles n'avaient
pas la peine de fe procurer par leur indu-
ftrie, & qui ne demandait ni merite, ni
fermeté.

Cet état, Placidie, était fi peu de la
nature de l'homme, qu'il n'a duré qu'au-

tant que la grossièreté des premiers
temps l'a laissé subsister. Le joug de l'égalité parut odieux aux esprits bien-faits,
aux cœurs nobles & genereux ; ils le se-
couèrent (12). De là se sont formés les
royaumes : De là, est venue l'émulation : les sciences, les arts, jusqu'alors
inconnus, acquirent, en se multipliant,
la perfection & la splendeur où nous les
voyons portés. La superiorité du genie
fit celle des conditions. Alors on commença de penser, de reflechir ; alors on
songea, ma fille, à polir ses mœurs : la
magnificence des habillemens & des édifices, succeda aux vêtemens de peaux
d'animaux & aux cavernes ; les plaisirs
delicats & rafinés prirent la place de
la jouissance brutale, conduite par un
instinct grossier. Ces mêmes hommes qui
(pour-ainsi-dire) ne differaient des bêtes
que par la figure, devinrent spiri-

____

(12) Cela est très-vrai ; & cette marche fut sans-
doute celle du genre-humain : Deschamels a raison
de l'exposer ; mais c'est un effet de sa manie d'y
applaudir.

tuels, épurés; le goût, la politesse, la circonspection, la deference, les vertus sociales les rapprocherent de la Divinité, dont ils avaient à-peine l'idée. Alors les hommes plus éclairés, s'aperçurent qu'ils avaient une âme raisonnable & capable de desseins immortels; alors enfin la beauté commença de jouir de ses droits. On en connut l'excellence; on en sentit le pouvoir; elle devint le charme des yeux, l'enchantement des sens, & la felicité de l'âme.

Que vous auriez été malheureuse, Placidie, si vous étiez née dans la barbarie de ces temps d'une aveugle simplicité! Devenue le partage du premier Pâtre grossier, ou du premier Chasseur agreste & sauvage sous la main de qui vous vous seriez tombée, reduite à travailler de vos mains, à vivre dans une triste campagne, chargée des rustiques & des agreables details d'un mènage embarrassant, à quoi vous aurait servi votre beauté? de quel avantage vous eussent été les qualités brillantes que vous possedez?

I Partie.   I

obfcurcies , confondues dans l'ignorance generale , elles n'euffent contribué ni à votre fatiffaction , ni à votre gloire. Grâces au Ciel , Placidie , vous êtes née dans les plus éclairé de tous les fiècles , parmi la Nation la plus civilisée de l'univers; vous êtes Françaife , en-un-mot , & vous vivez fous le règne de Louis-le-Grand.

La tendreffe que j'ai pour vous n'eft pas circonfcrite dans les bornes étroites des tendreffes ordinaires ; elle me donne des vues bien plus vaftes & plus relevées à votre fujet , que n'en ont la plupart des Pères fur leurs Enfans. Je veux que votre fortune faffe autant de bruit que votre beauté ; & comme l'une eft merveilleuse , je veux que l'autre le foit auffi.

Faite comme vous l'êtes , vous pourriez choisir dans ce qu'il y a de meilleur parmi tous les Particuliers du Royaume. Mais , Placidie , vous n'êtes point née pour être la femme d'un fimple Gentilhomme , ou d'un riche Traitant. C'eft encore peu pour vous d'arrêter vos efperances au frivole avantage d'avoir un tabouret chés la Reine. Quand vous vous en tiendriez-là, nos Seigneurs épuisés, avilis, ne font point en état de confulter leur cœur & leurs yeux fur leurs mariages. Il leur faut, pour retablir leurs affaires, des filles opulentes, des filles de Miniftres en faveur. Le C · · D*** a reparé le delabrement de fa fortune en épousant la fille d'un homme connu par fes feules richeffes. Deux de nos Ducs ont fait de pareilles alliances; & fans la faftueuse vanité d'un oncle Cardinal, un autre Duc aurait peut-être épousé la fille du Boucher des Invalides. Il en eft de-même de prefque tous les autres Grands de la Cour. Outre ces inconveniens, l'efprit de debauche & de diffipation règne fouverainement parmi la plupart de nos Seigneurs. Ils n'ont ni conduite, ni jugement: imbeciles ou libertins, ils partagent leur vie entre le jeu, les Femmes-commodes & le Traiteur. S'engager dans leur alliance, c'eft facrifier fon repos & toutes les commodités de la vie, au

I 2

chimerique & ridicule honneur de porter
un grand titre (13). Rebuté de tous ces
obſtacles, j'ai connu un Père, ma chère
Placidie, qui avait pris pour ſa Fille une
resolution fort étrange. Après avoir jeté
un coup-d'œil ſur toutes les conditions
honnêtes, il deſcendit à celles qui ſont
decriées; il les examina ſcrupuleuſement.
Il fut revolté ſans-doute de la vie de ces
Courtisanes, célèbres par leurs travers
plus que par leurs attraits; toute la France, tout l'univers ne lui préſenta pas
deux *Ninons*. Il quitta cette claſſe. Mais
tout-proche, il en trouva une autre, où
des Femmes adorées ſemblent meriter
l'encens flateur qu'elles reçoivent. A
leurs piéds, il vit les hommes de tous les
états apporter des hommages desinte-
reſſés, que l'admiration leur arrachait.
Il vit ces Femmes, enivrées d'applau-

----

(13) Tout ceci pouvait être vrai ſous le règne
de Louis XIV: actuellement nos-Seigneurs ont
une éducation très-ſoignée; ils ſe livrent à des plaiſirs moins abrutiſſans: mais leurs mœurs en ſont-
elles plus pures ?

diffemens , fe mettre à la place des
Deeffes qu'elles repréfentaient. Il fut
frappé d'admiration. —Ma Fille eft belle,
(fe dit-il en lui-même) ; fon bonheur eft
le feul but que je me propofe ; elle char-
mera ; la faire adorer eft le moyen le
plus fûr de la rendre heureufe : Culti-
vons fes talens ; rendons-la un prodige ;
enfuite fefons paraître cette merveille au
grand-jour. Quelle ivreffe pour ma
Fille ! quel plaifir pour moi de l'entendre
applaudir ! . . . Ce n'eft pas tout ; elle aura
des Amans. Elle les recevra comme il
convient à une Fille-de-condition , qui
n'eft montée fur le théâtre que pour y
briller , & non dans la vue d'un lucre
fordide. Ils la refpecteront , en l'admirant,
& l'admiration accoîtra le refpect. Telle
qu'une Princeffe fur fon trône , elle
n'aura qu'à choifir dans la foule l'heureux Amant qu'elle voudra élever au
rang de fon Époux. . . . Oui , voila mon
parti pris (continua-t-il) ; il n'eft pas de
moyen plus fûr. Quand j'enfevelirai ma
Fille dans fa condition , quoique noble ,

que fera-t-elle? dans quelques années
une mènagère accablée de foins & d'enfans, qui lui auront enlevé fes charmes,
& peut-être fa fanté. Je veux en faire
une Deeffe; elle prolongera auffi longtemps qu'elle le voudra cet état charmant;
elle ne fe mariera pas, fi elle le veut : ce
qu'il y a de mieux à la Cour & à la ville
foupirera pour elle; les plaifirs f'enchaî-
neront à fa fuite. Ajoutez qu'en ne re-
cevant point d'appointemens, elle ne
fera fujète à perfonne. Ma Fille jouera le
rôle de Souveraine, & le fera——.

Voila le projet infenfé que l'amour
paternel fuggerait à un Père, dont le cœur
était prefqu'auffi tendre que le mien l'eft
pour vous. Mais il en vit fans-doute les inconveniens, puifqu'il ne l'executa pas, &
que fa Fille a époufé un Seigneur fort
riche & d'un âge mûr. Le mien eft infiniment audeffus; il eft grand, il eft noble;
en-un-mot il eft digne de vous.

Il faut devenir Princeffe, Placidie;
ou fi la politique du Gouvernement
f'oppose à ce projet, il faut du-moins

que vous ayiez des Princes au rang de
vos esclaves.

Je ne m'arrêterai point à vous prouver
la possibilité de mon projet, par une
recherche étudiée des effets de la beauté
sur le cœur des hommes ; ils se font mieux
sentir que comprendre. Qu'il vous suf-
fise de savoir que la Beauté trouve autant d'adorateurs qu'il y a d'hommes qui
voient ses charmes : elle établit son empire sur les Nations sauvages, comme sur
les peuples policés ; & si les impressions
qu'elle fait sont quelquefois passagères,
c'est quand l'esprit & les manières ne re-
pondent pas aux grâces exterieures : Mais
quand elle est soutenue d'un goût fin,
delicat, de connaissances, agreables &
utiles ; qu'elle est accompagnée d'un
cœur droit, d'une conduite honnête,
d'un caractère égal, d'une humeur enjouée, elle est sûre d'inspirer des sentimens durables. En-un-mot, Placidie,
une belle Personne, c'est-à-dire une Personne telle que je vous la depeins, ou
telle que vous êtes, est assurée de plaire

auffi-tôt qu'elle le voudra , & de plaire toujours.

Mais comme les exemples prouvent beaucoup mieux que les fpeculations , je vais , ma chère Fille , vous montrer , par celui de quelques Beautés fameuses , à quelle fortune vous pouvez prétendre.

Ce ferait une chose ennuyeuse , & même inutile , de parcourir l'hiftoire de tous les peuples du monde , pour faire paffer fous vos yeux les Rois qui ont laiffé prendre à la beauté un pouvoir ab-folu fur leur cœur. Perfuadez-vous qu'il a été plus rare de trouver des Femmes parfaites , que des Princes infenfibles. Remarquez auffi que je veux principale-ment vous parler de celles qui , nées au-deffus du peuple , n'étaient pourtant pas d'une condition à pouvoir afpirer aux bonnes-grâces de leurs Souverains. Qu'on ne me dise pas que ces Favorites doivent leur élevation autant au libertinage , à la diffolution des Princes qui les ont aimées, qu'à leurs charmes. Il eft fûr que les plus belles Perfonnes dont l'Hiftoire faffe mention, ont été en faveur auprès des Rois les plus grands & les plus sages ; & que les Princes faiblement épris de la gloire, ne se fixant point dans leurs amours, n'ont eu que des Maitresses vulgaires, plus propres à satisfaire des desirs effrenés, qu'à faire naître un engagement glorieux & durable.

Je me contenterai de quelques exemples tirés de l'Histoire ancienne. Celle des Juifs m'en fournit trois illustres : Bethzabée, Abisag, & Esther.

La première, femme d'un simple Hebreu, que sa valeur avait élevé à la dignité de Capitaine dans l'armée de David, passait ses jours dans la retraite, & ne songeait guères à la fortune qui l'attendait. David la vit, en devint passionnément amoureux, lui fit parler de son amour, lui en parla lui-même, fut écouté, fut heureux ; & ne pouvant souffrir qu'un Sujet partageât son bonheur, donna des ordres secrets contre le Mari de celle qu'il adorait, & le fit tuer. La mort d'Urie assura la conquête de David, &

la faveur de Bethzabée ; elle en jouit juf-
qu'à la mort ; & parmi tous les Fils de ce
Roi, elle eut le fenfible plaifir de voir
Salomon choisi pour lui fucceder.

Ce troisième Roi des Juifs, comme
chacun fait, a été le plus illuftre, le plus
puiffant, le plus fage Prince du monde.
Il aima tendrement, & delicatement,
comme on le voit par le Livre cèlebre
de fes Poéſies ; des hommes éclairés
ont penfé que la belle Perfonne à laquelle
il adreffa des choses fi touchantes, était
égyptienne, & fille de Pharaon, fondés
fur quelques paffages, & fur ces mots :
Je fuis noire, mais je fuis belle. Mais d'autres penfent, avec plûs de raison, que
c'était Abifag la Sunamite. On doit encore
préfumer que dans le nombre infini de
Maitreffes qu'eut Salomon dans fes derniers jours, il y avait des Beautés ache-
vées, & qu'il f'en trouva plusieurs qui
fucceffivement furent plus aimées que les
autres : il faut même que le pouvoir de
ces Favorites fur fon cœur ait été bien
grand, puifqu'elles furent engager à fa-

crifier aux Dieux qu'elles veneraient, un Prince que le Dieu d'Israel avait comblé de tresors & de prosperités.

Abisag, cette jeune Sunamite choisie entre toutes les jeunes Israélites pour tenir compagnie à David dans sa vieillesse, lui devint si chère, que, tout accâblé des fatigues de ses guerres & des infirmités de l'âge, il ne pouvait vivre sans elle. Toute-puissante sur son esprit, elle sut le determiner à laisser la couronne à Salomon, qui l'avait mise dans ses interêts. La conversation de l'aimable Sunamite égayait David pendant le jour; & cette Jeune-personne le rechauffait durant la nuit. Lorsque David fut mort, l'aîné de ses Fils ne demanda pour tout partage dans la succession paternelle que la belle Abisag: mais Salomon trouva que c'était demander autant que le royaume, & fit mourir le temeraire Adonias.

Les Juifs vaincus, dispersés, transplantés en Assyrie, gemissans dans l'esclavage sous Assuérus, ou Artaxerxes, exposés

aux insultes d'un peuple idolâtre, qui
les regardait comme des objets d'horreur
& d'execration en bute à la haîne, à
la vengeance d'un Favori superbe, prévenu, irrité contr'eux, se voyaient à la
veille d'un aneantissement general. Vainement s'efforcèrent-ils, par leurs prières
& leurs sacrifices, d'adoucir la colère
du Dieu de leurs Pères; leurs iniqui-
tés avaient lassé la patience de la Miséri-
corde infinie : tel était l'état de ce peuple
infortuné. Ester paraît aux yeux d'Assuérus ; sa beauté le frappe, l'éblouit ; son
âme partage les transports de ses sens ;
l'aimable Juive est victorieuse du destruc-
teur de sa nation ; l'orgueilleux Aman
est précipité de la plus haute fortune, au
comble du malheur. Et Mardochée, qu'il
a meprisé, qu'il voulait faire perir d'un
suplice infâme, Mardochée, à la tête des
restes d'Israèl, retourne à Jerusalem,
repeuple une terre desolée, retablit les
Loix & culte de son Dieu : Voila l'ouvrage d'Esther ; voila ce que peut la
beauté.

Je paſſe à l'Hiſtoire Romaine.

Égerie, que la ſuperſtitieuſe & credule Antiquité a honorée du titre de Nymphe & de Deeſſe, était une jeune & belle Sabine qui ſut plaîre au pacifique Numa, ſecond Roi des Romains. Ce peuple feroce, ſans culte, ſans loix, voyait encore fumer ſes murailles du ſang du Frère de ſon Fondateur, & ne reſpirait que le carnage & la deſtruction de ſes Voiſins. Romulus lui avait inſpiré quelque ombre de diſcipline militaire; mais trop turbulent & trop ambitieux pour s'amuser à dicter des Loix & des Règlemens politiques, il avait negligé la Religion & la conduite interieure de ſa Ville. L'habile Égerie fit prendre à Numa le deſſein de reparer la negligence de ſon Prédeceſſeur. Elle-même l'inſtruiſit des myſtères & des ſacrifices divins, dont elle avait une connaiſſance toute particulière. Le religieux & politique Numa, pour faire mieux obſerver ſes rits & ſes ordonnances, pour leur donner un caractère plus auguſte & plus reſpectable, s'aviſa de feindre qu'el-

les lui avaient été suggerées par une
Divinité.

Rome, devenue Republique, c’est-à-
dire un État où les Particuliers vivans
dans une espèce d’independance, s’esti-
maient autant les uns que les autres, il
ne fut plus question de fortune ni d’élevation pour le sexe : la Fille du moindre
Citoyen se préferait à une Reine ; &
Marc-Antoine se trouva deshonoré
pour avoir tout sacrifié à Cléopatre, Souveraine d’Égypte, & la plus belle femme
de l’Univers.

Jules-Cesar usurpa la souveraine puissance ; mais sa domination ne dura pas
assés pour qu’on eût le temps de briguer
la faveur : il fut tué en plein Senat par
ses meilleurs Amis, lorsqu’à-peine il
commençait à jouir de l’empire qu’il avait
merité : d’alleurs la manière dont il avait
vecu, donne lieu de croire qu’il n’aurait
jamais eu de Maitresse particulière : avide
& infatigable debauché, on l’appelait *le
Mari de toutes les Femmes.*

Octave, ou Auguste, son Fils par adop-

tion, & fon Succeffeur, qu'on peut regarder comme le premier Empereur de
Rome, affermi fur le trône par les horreurs & les desolations du Triumvirat,
devint, par un changement heureux &
inefperé, du plus cruel & du plus fan-
guinaire des tyrans, le plus doux & le
plus aimable des Souverains. De toutes
les belles Perfonnes de fa Cour, la feule
Livie eut l'art de lui plaire. Elle menagea fi bien fes avantages, qu'Augufte
l'époufa. Cette Princeffe fut toujours
heureuse dans fa faveur. On peut la comparer à Bethzabée : Tibère, dont elle était
groffe de fix mois lorfqu'elle fut enlevée
à Drufus-Neron, fon mari, fe vit adopté
par Augufte, & lui fucceda.

Je ne vous propose cependant pas en
tout pour modèle la conduite de Bethzabée, ni celle de Livie : fi vous aviez
donné votre foi (ce que le Ciel veuille
détourner !) il n'y aurait plus rien au
monde qui pût vous autoriser à la violer.

Je ne voudrais pas non-plus que vous
fiffiez comme Agnès de Mansfeld. Cette

belle Fille était Religieuse ; Guerard Truc-
sès, Archevêque & Électeur de Colo-
logne, l'aimait paſſionnément. Les obſtacles inſurmontables qui ſe trouvaient
dans cette paſſion, furent applanis par
Agnès elle-même. —Quittez, lui dit-elle
votre dignité, je renoncerai à mes vœux,
& nous pourrons nous marier. —Quel
fut le fruit de cette double impiété ? l'on
vit Trucſès depouillé de ſa Souveraineté,
traîner avec ſa coupable Épouse une vie
errante & malheureuse.

N'écoutez point un amour qui pourrait causer votre ruine. Que votre raison
conduise toujours les mouvemens de votre cœur. Ne ſoyez point du ſentiment
de ceux qui disent, qu'une perſonne bien
aimée tient lieu de toutes choses, & qu'on
doit tout lui ſacrifier. *Contentement paſſe
richeſſe* eſt un mauvais proverbe ; il ſup-
pose ce qui n'exiſte pas, des cœurs in-
ſenſibles aux charmes de l'aisance & de
l'ambition.

L'Empire Romain ne m'offre plus rien
qui merite votre attention : je n'y vois
que

que des Princes infâmes ou effeminés ; ſi l'on n'en excepte quelques-uns, qu'une auſtère philosophie, ou des guerres continuelles arrachèrent aux douceurs de l'amour.

Titus, dans les guerres de Judée, avait pris de tendres engagemens avec la Reine Berenice, & lui avait promis de l'épouser. Les Romains penſaient encore au ſujet des Reines comme du temps d'Antoine, & c'était pour Berenice le comble de l'élevation de ſe voir Souveraine des Romains. La tendreſſe, les ſermens de Titus, & peut-être encore l'opinion que Berenice avait de ſa beauté lui fesaient regarder cet honneur comme une chose aſſurée. Mais la molle condeſcendance de ce Prince aux volontés d'un Senat, que ſes Prédeceſſeurs avaient traité avec le dernier mepris, & auquel il aurait été facile de faire approuver ſon choix, detruisit les eſperances de Berenice; elle fut ſacrifiée à la politique; l'amoureux, mais faible Empereur, contraint de ſ'en ſeparer, ne lui donna d'au-

1 Partie.   K

tres marques de sa tendresse & de sa douleur, qu'un adieu triste & passionné.

L'inondation des Barbares, qui de tous
côtés vinrent fondre sur l'Europe & sur
l'Asie; les malheurs que causèrent leurs
sanglantes conquêtes, reduisirent les Souverains à songer à leur conservation plutôt qu'à leurs plaisirs. A-la-verité, la
plupart de ces Nations feroces furent ex-
terminées en Europe; mais l'Asie, moins
heureuse, ne put se delivrer de leur fureur & de leur domination : elle est encore aujourd'hui le centre de l'Empire
Ottoman; puissance formidable, cimen-
tée par la terreur de son nom, par la
force de ses armes, & beaucoup plûs
encore par l'aveuglement & la division
des Princes Chretiens.

Mais quelqu'idée de barbarie qu'on s'ef-
force de repandre sur les Turcs, lisez leur
histoire, vous y verrez que la politesse &
la galanterie règnent parmi eux, & que
même ils pourraient nous en donner des
leçons. C'est-là, Placidie, qu'il faut
chercher, c'est-là que vous trouverez

des exemplés illustres pour votre sexe, de faveur & d'élevation. Tout ce que les quatre parties du Monde ont de rare & de merveilleux, est destiné aux plaisirs du Grand-Seigneur ; j'ai vu dans le cabinet d'un Curieux les portraits des Favorites de plusieurs Sultans. J'ôse presque comparer leur beauté à la vôtre ... Parmi ce grand nombre d'Esclaves charmantes, il s'en est toujours trouvé quelqu'une, qui, plus aimable ou plus adroite, s'est procuré le titre glorieux d'Esclave favorite.

Mahomet second, le plus fameux de leurs Empereurs & le plus grand Conquerant de l'Asie, celui-là même qui enleva aux Chretiens deux cents villesconsiderables, douze Royaumes & deux Empires, celui de Constantinople & celui de Trebisonde : Mahomet, dis-je, lorsque tous s'humiliait devant lui, se laissa vaincre par une jeune Esclave grecque, nommée Irène, qu'il aima jusqu'à la fureur. Il est vrai que son amour devint funeste à cette belle Personne ; & cet exemple pourrait

K 2

vous intimider : mais fongez que pour
réuffir dans une grande entreprise, il
faut toujours en envisager la gloire, &
jamais le danger. Je veux vous fairel'hiftoire d'Irène en deux mots.

Irène étoit blonde, contre l'ordinaire
des beautés grecques, & n'avait que dix-
huit ans. L'Orient n'avait rien vu paraître
de fi charmant. Un Pacha l'avait fait pri-
sonnière à la prise de Conftantinople, &
l'avait donnée à Mahomet, dont le cœur
n'avait jamais été bleffé par des traits auffi
agreables, ni engagé par des complaisances
plus étudiées. Le Sultan enivré de fa paffion, & pour n'être point détourné de fes
occupations amoureuses, depuis la prise
de la ville imperiale des Grecs, fe reposa
fur fes Miniftres de la conduite de l'État
& de la guerre, lui qui avait coutume de
tout voir par lui même. De là vinrent
les concuffions des Grands & les plaintes
des peuples oppreffés. Le nombre des
Mecontens f'augmenta; ils furent prêts
à fe porter à une fedition. Mais on n'ôsait
en avertir l'Empereur, dont la colère

était redoutable. A la fin, Muftapha Pacha, homme resolu, & qui avait eu l'honneur d'être élevé auprès de lui, le vint trouver comme il fe promenait dans un jardin, & lui demanda avec refpect f'il agreait la liberté d'un Sujet fidèle, qui le voulait entretenir d'une affaire importante ? Sur la permiffion qu'il en eut, il lui apprit qu'il fe fofmait une efpèce de conjuration, fondée fur la haîne qu'on avait pour Irène, dont les artifices lui obfedaient l'efprit depuis fi longtemps, qu'ils lui fesaient negliger le foin de l'État, & trahir fa bonne fortune. ——Qu'eft-devenue, Seigneur, cette mâle vertu (continua-t-il) qui vous fesait trouver tous les ans à la tête de vos armées ? que font devenus les grands projets que vous aviez formés? & que vont devenir les conquêtes que vous avez deja faites ? Vous donnez le temps aux Chretiens de diffiper l'effroi que vous leur aviez infpiré ; vous donnez au Roi de Perfe , au Soudan d'Egypte celui de réunir leurs forces contre vous. Quoi! la beauté d'une Efclave , feule cause de la vie effeminée où vous vous oubliez vous-même, entraînera tant de malheurs, & servira d'insurmontable obstacle à vos armes victorieuses ! Non, non Seigneur, ne donnez pas ce sujet de douleur aux Musulmans, & de triomphe aux Infidèles. Si vous ne voulez point paraître soumis aux caprices de vos Sujets : si vous avez resolu de ne pas vous separer d'Irène, vous pouvez lui faire élever une tente au milieu du camp ; & vos Troupes respectueuses ne murmureront pas de voir qu'elle partage la gloire de leur Prince, & l'accompagne dans le chemin de la victoire——.

Pendant ce discours, Mahomet, le cœur cruellement dechiré, l'âme partagée entre la force de son amour & celle de la remontrance, garde un silence sombre & farouche. Mais enfin prenant la parole : ——Je te pardonne ta hardiesse, dit-il à Mustapha, en consideration de notre commune éducation & de tes fidèles services. Je veux bien même justifier à tes yeux, & à ceux de tes semblables, la

grandeur de mon courage , & l'empire
que j'ai fur mes paffions.   Donne ordre
que demain les Officiers de mon armée fe
raffemblent auprès de moi——. Mahomet
fe retire à ces mots , & vole chés Irène.
Il temoigne à la jeune Grecque plûs d'a-
mour que jamais, quoiqu'il fe préparât à
triompher des faibleffes de fon cœur par
un exemple fi cruel, que la ferocité de fa
Nation même en fut faisie d'horreur. Ainfi
f'abandonnant aux noirs tranfports d'un
genie également ambitieux & feroce , qui
veut fe diftinguer du vulgaire à quelque
prix que ce foit , il redoubla fes careffes.
Il refta auprès d'Irène jufqu'au lendemain,
voulut diner avec elle, & commanda qu'on
la parât avec le plus grand foin. Cependant
les Officiers de fon armée l'attendaient
felon fes ordres. Il paraît enfin , tenant
Irène par la main : il arrache le voile qui la
couvre , & jetant fur eux des regards
pleins de fureur, il leur demande en fre-
miffant , f'il eft dans le monde une beauté plus achevée ? Eblouis de tant d'attraits , ils f'écrient d'une voix unanime ,

Que rien n'est comparable aux charmes de la belle Grecque, & qu'il peut l'aimer sans ternir sa gloire. —Je n'ai que ma gloire pour objet, s'écrie-t-il à son tour avec des yeux étincelans ; vous alez en juger. —Alors, troublé, hors de lui-même, il tire son cimetère, & fait tomber à ses pieds la tête de la malheureuse Irène. Il promène ensuite ses regards sur son armée : les Chefs & les Soldats étaient tremblans ; le farouche Despote jouit un moment de leur épouvante ; il en sourit. Mais son supplice l'attendait au fond de son cœur.

Mahomet, revenu de son fougueux transport, fut agité de remords affreux : tous les charmes de sa Favorite se présentèrent à son imagination ; il ne peut se persuader qu'il ait eu la barbarie de s'en priver ; il se deteste, il veut se tuer : Mais cette même gloire à laquelle il venait de l'immoler, le soutint, le defendit contre lui-même, & lui fit tourner toute sa rage & tout son desespoir contre Mustapha Pacha. Ainsi l'infortunée Irène fut vengée

gée

gée par la mort de celui qui avait été l'auteur de la sienne.

Roxelane fut plus heureuse sous le règne de Soliman, l'un des successeurs de Mahomet. Mais quelque éclatante que fût sa beauté, elle lui dut moins sa fortune qu'à son son esprit. Quand elle se vit maitresse du cœur du Sultan, elle se servit de son pouvoir pour en obtenir la liberté. Voici comme elle s'y prit. Il est dit par la loi de Mahomet, que, quelques bonnes œuvres que fasse une Esclave, le merite ne lui en peut être imputé, & retourne tout entier à l'avantage de son Maître. L'adraite Roxelane se servit de ce prétexte. —Seigneur, dit-elle un jour au Sultan, agitée par les scrupules & les troubles d'une conscience inquiète, je voudrais en appaiser les murmures en bâtissant une Mosquée, & en envoyant à la Mecque des présens à notre saint Prophète. Ta liberalité m'a comblée de tresors ; je ne puis en faire un plus pieux usage. Mais, Seigneur, je suis ton Esclave, & tu sais que comme telle, je ne puis

rien faire pour moi-même. Donne-moi la
liberté ; ne fouffre pas que celle que tu
honores de tes bontés, vive malheureufe
par les troubles & les inquiétudes qui f'é-
lèvent dans fon âme——. L'amoureux Soliman ne lui pouvait rien refuser. ——Roxelane , lui dit-il, je t'affranchis ; c'eft la
moindre marque que tu puiffes exiger de
mon amour. ——Quelques jours après , le
Sultan voulut agir avec elle comme auparavant. Mais quelle fut fa furprise , lorfque l'artificieuse Favorite fe reculant
avec une feinte horreur : ——A Dieu ne
plaife, lui dit-elle, Seigneur, que je fouffre
que tu te fouilles avec moi d'un crime qui
offenferait mortellement notre divin Prophète , & pour lequel tu ne pourrais point
obtenir de pardon. Je fuis libre, & la loi
te defend de toucher à une femme libre——.
Soliman, plus tendre que fcrupuleux , infifta : elle le repouffa modeftement, colora
fes refus du prétexte fpecieux de la religion , & le conjura , les larmes aux yeux,
de lui ôter la vie, plutôt que d'exiger d'elle une chose d'où dependait la perte éter-

nelle de l'un & de l'autre. Le Sultan suspendit ses desirs, consulta le Moufti : celui-ci, zelée creature de Roxelane, lui confirma tout ce quelle avait dit ; & Soliman, aveuglé par sa passion, consentit à l'épouser solennellement, malgré la coutume établie parmi ses Prédecesseurs, depuis la disgrâce de Bazajet, à la femme duquel Tamerlan avait fait souffrir mille indignités.

Vous voyez par cet exemple, Placidie, que la beauté a besoin d'être secondée par l'esprit : elle peut à-la-verité, produire de grands effets par elle-même ; mais elle en produirait rarement seule de comparables à ceux dont vous ferez un jour l'exemple, si vous suivez la route que je vous trace. Ainsi, ma fille, servez-vous de vos yeux pour charmer, & de votre esprit pour assurer votre conquête. Je vais passer à des exemples qui nous touchent de plus près.

Que n'aurais-je point à vous dire des Cours d'Italie ; de celle des Papes eux-mêmes, que la Thiare ne mit pas à l'a-

bri des faibleſſes humaines ? des Cours
d'Eſpagne , d'Angleterre & d'Allemagne ?
ſur-tout des Maitreſſes de Henri VIII & de
Charles-Quint ? L'un repudia Catherine
d'Arragon , pour épouſer Anne-de-Bou-
lenc. [C'eſt de cette Belle que ma Mère
voulait parler , à la fin de l'hiſtoire des
deux Anglais que j'ai rapportée plus haut].
L'autre préfera la conquête d'une jeune
Flamande, au vaſte projet de la Monarchie
univerſelle , dont il avait d'abord été ſi
flaté. De nos jours, Jacques II , Roi
d'Angleterre , n'a-t-il pas épouſé, étant
Duc d'Yorck , c'eſt-à-dire , heritier pré-
ſomptif de la Couronne , la Fille d'un ſimple Particulier ?

Vous avez lu l'hiſtoire de nos Rois ;
ainſi je n'entrerai pas dans un long detail
ſur leurs tendres faibleſſes. Si j'en excepte les amours de Charlemagne , je n'en
trouve point de fort diſtingués juſqu'à
François premier. Je vous dirai donc en
peu de mots & comme en paſſant , qu'A-
gnès Sorel fut aimée par Charles VII ;
Que la Pucelle d'Orleans ſauva la France

ſous ſon règne, & qu'on préſume que des Seigneurs fidèles lui avaient inſpiré ſon heroïſme, comptant, peut-être, ſur ſa jeuneſſe & ſes charmes pour la ſubſtituer à Sorel dans le cœur du Roi : Qu'à onze ans, la jeune Saint-Vallier, Ducheſſe d'Etampes, ſauva la vie à ſon Père, que François 1ᵉʳ alait faire perir ſur un échafaud : Que Diane de Poitiers, Ducheſſe de Valentinois, conſerva juſqu'à ſon dernier moment un pouvoir abſolu ſur le cœur de Henri ii : Que parmi un nombre infini de Maitreſſes qu'eut Henri iv, Gabrielle d'Eſtrées fut la plus belle & la plus cherie ; mais ſur le point d'être Reine de France, elle ſe vit, par une mort prématurée, précipitée du trône dans le tombeau ; deſtinée malheureuſe, mais digne d'envie ! propoſez-vous ſa conduite pour modèle ; c'eſt le meilleur que vous puiſſiez ſuivre.

Louis XIII n'eut point de Maitreſſes ; la faible inclination qu'il marqua, ne vaut pas la peine qu'on en parle ; & l'exemple de la - Fayette rendit ſages toutes celles qui pouvaient prétendre à ſon cœur. Sous prétexte que cette belle Fille s'était mêlée de quelque intrigue pour le Duc de Savoye, il la fit mettre dans un couvent, & l'obligea de prendre le voile.

Si vous aviez été, Placidie, il y a 40 ou 50 ans ce que vous êtes aujourd'hui, la conquête de Louis XIV vous eût été facile. Jamais Monarque n'a été plus tendre, plus galant. Cependant le sort de ses Maîtresses a été plus éclatant que solide. .

. . . .

Ainsi ne voyant rien qui vous convienne en France, j'ai changé de dessein. Le cœur du Roi d'Espagne (14) est seul digne de vous; & dès que j'aurai terminé quelques affaires essencielles qui m'arrêtent ici malgré moi, je veux vous y conduire. Cependant, comme les conseils que je vous avais préparés pour plaire à l'un de nos Princes, pourront vous servir à la Cour d'Espagne, je ne laisserai pas de les mettre par écrit, en y changeant quelque chose, & les accommodant aux coutumes & aux

____

(14) Philippe V.

mœurs de la Cour où vous alez paraître.

Imaginez-vous donc que fortis de France l'un & l'autre, fous quelque prétexte fpecieux, je trouve le moyen de me préfenter au Roi d'Efpagne & de vous y préfenter vous-même ; qu'après lui avoir demandé fa protection pour vous & pour moi, nous nous établirons à Madrid ; & que Philippe, frappé de votre vue, comme il le fera indubitablement, fentira naître dans fon cœur les premières impreffions d'une tendre furprise, vous demêlera dans tous les endroits où il fera, & où j'aurai foin de vous faire trouver adraitement ; qu'enfin vous lui aurez plu. Alors je folliciterai de l'emploi dans fes troupes. Il ne manquera pas de me demander ce que vous deviendrez pendant mon abfence. Je lui repondrai que je me difpose à vous mettre dans un Couvent, & que fi je n'avais craint d'importuner Sa Majefté, je l'aurais fuppliée de vous donner à la Reine. Charmé de cette ouverture, il faisira l'occasion de vous mettre à-portée de recevoir fes vœux : & voici de quelle manière il faudrait alors que vous vous conduiſſiez.

Attachez-vous à la perſonne de la Reine ; étudiez ſon humeur ; menagez les perſonnes que vous connaîtrez poſſeder ſa confiance ; faites ſervir leur faveur à procurer la vôtre ; & ſi vous en venez juſqu'à gagner ſes bonnes-grâces, n'oubliez rien pour les conſerver. Soins aſſidus, ſervices empreſſés , reſpects infinis, obéiſſance aveugle , ſecret inviolable , attentions circonſpectes , louanges fines , flateries delicates; mettez tout en uſage : enjouée ou ſerieuſe , ſuivant l'occaſion , triſte ou gaie ſelon les évenemens , pliez-vous aux circonſtances. Évitez les intrigues & les cabales ; ne tâchez de nuire à perſonne , ou du moins ne le faites que bien certaine de réuſſir, & ſi adraitement, que le ſoupçon n'en tombe jamais ſur vous. Paraiſſez du dernier deſintereſſement ; fuyez la medisance ouverte , l'eſprit de haîne & de parti : ayez avec vos Compagnes de la modeſtie , de la douceur ; que les avantages que vous avez ſur elles

ne vous donnent ni froideurs ni mepris ;
gagnez les fiers par vos deferences ; ap-
prenez l'art de se bien mettre à celles qui
ne feront entêtées que de leur beauté ;
admirez celles qui voudront paffer pour
fpirituelles, relevez leurs bons-mots pour
les applaudir ; jouez avec les joueuses ;
parlez de galanterie avec les coquettes,
de piété avec les prudes, de fcience avec
les favantes, d'ajuftemens, de colifichets
avec les frivoles, & gardez le filence avec
les babillardes.   Complaisante avec les
difficiles, liberale avec les avares, reser-
vée avec toutes en general, repondez à
l'amitié de celles qui vous en temoigne-
ront ; écoutez, derobez même finement
leurs fecrets, mais ne dites jamais le
vôtre.

Simple, mais propre dans votre parure, ne vous diftinguez que par votre
beauté, que par votre bonne-grâce :
donnez un libre accès à votre toilette ;
laiffez vous voir en robe du matin, en
fimple deshabillé, afin qu'on connaiffe
qu'il n'y a rien d'apprêté ni d'étranger
dans vos charmes. Sur-tout mettez dans

votre conduite une circonspection qui descende jusqu'au scrupule. A - peine serez vous à la Cour, que tous les Jeunes-gens empressés autour de vous, combat-tront entr'eux à qui vous paraîtra le plus passionné ; ce ne seront que louanges, qu'exclamations, qu'assiduités, que soins, que tendres regards. Mais, Placidie, vous serez éclairée, vous aurez des envieuses, des jalouses, des ennemies, des rivales ; c'est vous dire assés combien vous devez éviter de donner prise sur vous. C'est ici que je vous recommande de suivre scru-puleusement les conseils que je vous don-ne en ce moment.

Les Espagnols, naturellement galans, poussent quelquefois la passion jusqu'à l'idolâtrie. La constance castillane est passée en proverbe ; ainsi n'esperez pas que votre indifference, votre fierté, vos mé-pris, le temps où les reflexions gueriront ceux que vous aurez blessés. Non, Placi-die, ils vous aimeront jusqu'à la mort.

De tous les Adorateurs que vous ver-rez s'empresser autour de vous, regardez comme les plus dangereux, non pas les

plus qualifiés, non pas les plus riches,
mais les mieux faits, mais ceux pour quî
votre cœur s'intereſſera. A votre âge, on
ſe laiſſe aisement emporter, ſinon au plaiſir d'aimer, du moins à celui d'être aimée.
Quel charme plus ſeduisant pour une Jeune-perſonne, que de voir à ſes genoux un
Cavalier aimable, exprimant par toutes
ſes actions, par toutes ſes paroles, l'a-
mour dont il eſt veritablement penetré !
comment ſe defendre de ces douces langueurs, de ces tendres proteſtations, de
ces ſermens paſſionnés, de ces expreſſions
inſinuantes & flateuses, de ces larmes
attendriſſantes ? Comment resiſter à ces
mouvemens vifs & tumultueux qui ſ'élè-
vent dans notre âme, à cette douce re-
volte de tous les ſenſ, à ces tranſports
ſeditieux qu'excite la présence de l'objet
qui nous intereſſe ! Tout eſt dangereux
dans ces occasions, tout nous ſeduit &
nous perd : un regard, un geſte, un rien
porte le poison dans le cœur.

C'eſt donc uniquement de vous-même
qu'il faut vous defier ; n'aidez pas à vous
vaincre, & vous ſerez invincible : appe-

lez votre raison ; au secours de votre cœur, & l'ambition au secours de votre raison; l'une & l'autre vous garantiront d'un peril d'autant plus craindre, qu'on s'y laisse entraîner avec moins de repugnance.

En-vain vous vous promettriez de tenir secret l'engagement que vous auriez pris avec un Seigneur de la Cour; le Roi l'apprendrait infailliblement, & ne voudrait point d'un cœur dont un autre aurait eu les prémices. Vous verriez en un moment toutes vos esperances s'évanouir. Le Roi vous abandonnerait par mepris, & votre Amant par crainte. Ce n'est pas le tout, Placidie; ce qui serait capable, d'éteindre sa passion dès sa naissance, serait aussi capable de vous perdre, lorsque cette passion vous paraîtrait dans sa plus grande vivacité. Jaloux de leur puissance, les Rois veulent qu'on les respecte dans les moindres choses; jugez s'ils souffriront d'être traversés dans leurs amours ? Le Monarque se vengerait cruellement , & de la perfidie de la Maitresse, & de la temerité du Rival.

J'avoue qu'il y des occasions où, pour

reveiller une tendreſſe aſſoupie dans un
cœur qui n'a ni defiances, ni ſoupçons,
ni difficultés à combattre, on peut y ver-
ſer une ombre de jalousie, feindre une
apparence d'infidelité : mais ces demarches ſont ſi delicates & demandent tant
de menagemens, que je ne vous conſeil-
lerai jamais d'y avoir recours. Il faut
connaître à-fond le caractère, la delica-
teſſe & les ſentimens de celui qu'on veut
feindre de tromper. Sur-tout, il faut que
les moyens de juſtification ſoient ſi clairs,
ſi ſurs, ſi naturels & ſi faciles, qu'ils ſe
developpent d'eux-mêmes, & ſemblent
ſe préſenter, ſans donner la peine de les
chercher.

Juſqu'ici je ne vous ai parlé que de la
manière dont vous devez vivre avec les
Sujets du Roi ; il eſt temps de vous prescrire ce que vous devez faire avec le
Roi même.

N'alez pas, à la première ouverture
d'un amour declaré en Souverain, c'eſt-
à-dire du ton d'un homme qui ne veut
point languir, & qui n'aime que pour

être heureux ; n'alez pas, dis-je, vous rendre précipitamment. Une conquête qui coute peu à faire, coûte peu à abandonner. N'alez pas non-plus, par une resistance trop soutenue, donner à ses desirs le temps de s'émousser : menagez votre cœur & le sien. Comme nous sommes peu maîtres de nos sentimens, je n'exige pas de vous que vous l'aimiez dans l'instant qu'il vous declarera son amour ; je souhaite que vous éprouviez cette heureuse sympathie qui se trouve entre deux cœurs faits l'un pour l'autre : mais si ce n'est pas trop demander, agissez dumoins avec lui de manière qu'il puisse croire que vous êtes sensible : sans être double, on peut montrer de l'estime, sur-tout de la reconnaissance, sentiment le plus delicieux pour les belles âmes, après celui de faire du bien, & qu'un Amant peut aisément confondre avec l'amour. Le temps, le merite du Monarque, sa personne, sa tendresse, sa puissance, votre ambition, votre propre intérêt, votre raison, votre cœur, tout contri-

buera à vous le faire aimer. Alors fervez-
vous de tous vos charmes, de toute la
delicateffe de votre efprit, de toute la
fenfibilité de votre âme. Oubliez le Roi,
dans les momens où il f'oubliera lui-
même pour ne paraître qu'amant; aban-
donnez-vous à vos mouvemens, à vos
tranfports, à vos plaisirs, lorfque la re-
ferve ne fera plus de faison. Il y a mille
choses tendres, flateuses, paffionnées,
que le cœur & la nature fuggèrent, &
fur lefquelles il eft impoffible de donner
des confeils.

Recevez fes dons avec plaisir, avec
complaisance, mais fans empreffement &
fans avidité. Ne les excitez point : ne fon-
ger qu'à f'enrichir par tous les moyens,
c'eft f'avilir à fes propres yeux, c'eft
trafiquer de foi - même, & fe vendre
honteusement. Quels que foient les bien-
faits du Monarque, paraiffez toujours faire
plûs de cas de la main dont ils viennent
que du bienfait même. Tâchez neanmoins
de vous procurer un nom & un établif-
fement; l'un & l'autre font une reffource
contre l'inconftance ou contre la mort.

d'un Amant couronné. Pygmalion adora la statue qu'il avait travaillée, & que son art avait embellie ; les Rois (comme les autres hommes) confidèrent davantage la Maitreffe qu'ils ont illuftrée.

Sur toutes choses, faites un bon usage de votre faveur & de vos biens : ne tombez ni dans des profufions extravagantes, ni dans une épargne fordide : ne foyez ni prodigue ni avare.

Menagez-vous des creatures, en rendant aux uns de bons offices auprès du Roi, en obligeant les autres par vous-même ; fans pourtant vous mêler des affaires d'État.

Jouez peu, plutôt encore par complaifance que par goût. Une Joueuse f'expose à de terribles inconveniens ; une groffe perte derange l'efprit & la fanté. Quelles demarches ne fait-on pas quelquefois pour la reparer ? On n'a plus d'argent, on veut en recouvrer à toute force ; le besoin où nous fommes eft fu ; l'on nous en offre ; & quî fouvent ? croyez-moi, Placidie, ce ne font point des genf desintereffés : la reconnaiffance qu'ils exigent de nous, eft toujours infiniment au-deffus du plaifir qu'ils nous ont fait : & voila le vrai moyen de fe perdre.

Si la fortune vous fufcite quelque Rivale, tâchez d'abord de la faire fervir au triomphe de vos charmes : employez les ces charmes, à retenir le Roi, ou à le ramener : s'il vous échappe malgré tout ce que vous aurez pu faire, cedez au temps avec fageffe ; ce ne fera peut-être qu'un feu paffager. Sur-tout ne l'aigriffez point par des reproches amèrs, par des hauteurs, par une exceffive fierté, par une jalousie emportée : employez la douceur, la complaisance ; que vos yeux couverts de pleurs jètent fur lui des regards mêlés de douleur & de tendreffe ; que votre langueur & votre abattement foient les feuls interprêtes de votre desefpoir. Mais qu'ils aient des charmes, & que vos larmes vous rendent plus belle encore.

Ne demandez pas inconfiderément à vous retirer ; dans les premiers tranfports d'une paffion naiffante, un facrifice ne coûte guères à faire aux personnes qu'on commence d'aimer , & vous feriez peut-être prise au mot. Armez vous de force & de patience : le Roi qui ne trouvera nulle-part ce qu'il aura trouvé en vous, reviendra de lui-même, & votre gloire en sera d'autant plus brillante & vos plaisirs d'autant plus purs , que vous ne devrez son retour qu'à votre beauté, qu'à votre merite, qu'à la douceur de votre caractère & de votre société.

Dans le calme heureux d'une tranquile intelligence, ne chicanez point le Roi par des delicatesses mal-entendues, par des rafinemens outrés. Un amour qu'on veut trop subtiliser, s'évapore à la fin. S'il arrive entre vous de ces refroidissemens, de ces langueurs ou de ces brouilleries inseparables de l'amour, produites plutôt par le defaut du temperament que par celui du cœur, ne les regardez point comme un sujet de plainte, comme un crime ; travaillez à les étouffer par votre prudence, plutôt qu'à les entretenir par votre alteration. N'en accusez point le

Roi; on ne peut pas toujours être dans la même égalité d'efprit. Nous avons nos momens d'impatience & de chagrin; fongez, qu'accablé du poids de fes affaires domeftiques, des foins d'une guerre douteufe & fanglante, il eft obligé de fe partager entre les devoirs de Roi & ceux d'Amant.

Si cette même guerre l'oblige à fe feparer de vous; lorfque vous lui direz adieu, fuivez les feuls mouvemens de votre cœur: c'eft connaître peu l'amour que d'employer de belles paroles, pour dire adieu tendrement: de la douleur dans les yeux, des difcours fans ordre & fans fuite, de triftes regards fans affectation, marquent la fincerité beaucoup mieux que les difcours les plus éloquens, & rendent tout ce qui fe paffe dans une âme tendre.

Si vous avez des enfans, appliquez vous toute entière à leur éducation; que l'amour que j'ai pour vous foit la règle de celui que vous aurez pour eux. Infpirez leur des fentimens dignes de leur naiffance ; n'épargnez rien pour leur procurer les meilleurs Maîtres : faites-en venir de France, si l'Espagne ne vous les fournit point tels que vous les desirerez. Le bon droit de Philippe prévaudra sur les efforts de ses ennemis ; son trône & sa puissance s'affermiront, & il se trouvera en état de leur donner de grands établissemens.

Enfin, Placidie, soyez devote ; la devotion est le faible des Espagnols ; elle est le plus sûr moyen de gagner l'estime des Grands, & la veneration du Peuple. Admettez quelquefois chés vous des Moines ; caressez-les sans leur donner votre confiance ; faites-leur des liberalités : quand on est bien avec eux, l'on a rien à craindre de personne ; absolus à la Cour comme dans les villes, ils remuent, ils gouvernent toute l'Espagne (15).

Si vous observez exactement tout ce que je viens de vous prescrire, assurez-

<hr>

(15) *C'est-à-dire, dans le temps où les premiers Livres de ces Memoires furent écrits : aujourd'hui cette Cour gouverne, & n'est plus gouvernée.*

vous, Placidie, que vous ferez la plus illustre & la plus heureuse personne de
votre sexe. Peut-être vivrai-je assés longtemps pour être temoin de votre bonheur, & pour ajouter aux conseils
que je vous donne aujourd'hui, ceux
qu'exigeront les conjonctures differentes où vous vous trouverez. Si je meurs
avant que vous jouissiez de votre fortune & de votre gloire, j'emporterai
du-moins au tombeau la consolante satis-
faction de n'avoir rien oublié de tout ce
qui pouvait contribuer à votre élevation, & de tout ce qui peut la rendre
agreable & solide.

IL y avait paſſablement de vision & d'extravagance dans ces merveilleux projets de Deſchamels. C'était-là véritablement bâtir des châteaux en Eſpagne : Par malheur je vins étourdîment renverſer tout l'édifice. Cette leĉture me ſurprit ; il m'avait toujours paru homme de bon-ſenſ, incapable d'imaginations auſſi creuses que celles-là. Cependant comme il y a d'aſſés bonnes choses dans cet Écrit, & qu'on peut dire, en le conſidérant ſous un certain point-de-vue, qu'il ſera très-utile aux femmariées, en leur apprenant à conſerver le cœur de leurs Maris, je fus charmé de l'avoir en ma poſſeſſion. Je resolus d'abord d'y faire beaucoup de retranchemens : mais après y avoir un peu reflechi, je le laiſſai tel qu'il était ; & tel que je le donne, j'eſpère qu'il amusera ceux qui le liront.

Je remis le manuſcrit à ſa place, & la copie dans ma poche. Je n'en parlai point à Placide ; j'avais des choses plus importantes à lui dire : je ne ſongeais

qu'à l'avancement de mes affaires auprès
d'elle. Enfin , ſoit qu'elle n'eût pas donné
dans les grandes idées de ſon Père , ſoit
que mon heureuſe étoile prévalût , & que
l'objet préſent l'emportât ſur des eſperances incertaines , Placidie , telle que je
l'ai depeinte , Placidie deſtinée à la plus
haute fortune , borna ſes vues & ſon ambition à la conquête d'un ſimple & pauvre
Gentilhomme.

Lorſque nous ſumes d'accord de nos
ſentimens , il ne fut plus queſtion que de
trouver les moyens d'aſſurer notre bonheur. C'était-là le point de la difficulté.
Deſchamels , plus clairvoyant qu'Argus ,
m'examinait d'une étrange ſorte. Sa Fille
était pafaitement remiſe de ſa maladie ;
j'étais auſſi tout-à-fait gueri de mes bleſſures ; mon congé , renouvelé pour quinze
jours , alait expirer. Je n'avais aucun prétexte de reſter chés lui ; ainſi ma préſence
commençait à lui peſer : peut-être qu'il
avait terminé ſes affaires , qu'il ſe diſpo-
sait à ſon voyage de Madrid , & qu'il
n'attendait que mon depart pour ſe mettre en chemin.

J'étais un foir au chevet du lit de Placidie ; je tenais un livre dans lequel je fesais femblant de lire ; tandis que je n'oc-
cupais mes yeux qu'à la regarder : elle
était plus belle & plus éblouiffante qu'a-
vant fa maladie :

Tel au milieu de fa carrière,
D'un nuage profond fortant victorieux,
Plein de grandeur & de lumière,
Le Soleil éclate à nos yeux.

La comparaison eft un peu usée ; mais
n'importe, elle paffera en faveur de la
verité.

Defchamels entra dans la chambre de
fa Fille ; la poche de mon juftaucorps
mal fermée, lui laiffa entrevoir la fatale
copie. Tout lui était fufpect ; il voulut f'en
faisir en badinant. J'y portai heureusement
la main. —Ne peut-on favoir ce que c'eft
que ce papier (me dit-il, voyant qu'il
avait manqué fon coup?) —Non (repondis-
je en riant); c'eft l'hiftoire de mes amours.
—Cela doit être curieux (reprirent
en même temps le Père & la Fille); faites-
nous

nous en part. ——Vous n'y trouverez rien,
(repris-je) qui merite votre attention——.
Placidie infifta, malgré les fignes que je
me tuais de lui faire. Defchamels me
preffait de fon côté : je ne favais plus
comment me defendre. A la fin je m'ar-
mai d'un peu d'effronterie. ——Puifque
vous voulez abfolument (leur dis-je) favoir ce qui eft dans ce papier, je vais vous
fatiffaire ; quoique ce foit mettre ma vanité à une terrible épreuve, & qu'il ne
me convienne guères de m'ériger en Auteur. C'eft une Hiftoriette que j'avais écrite pour amufer Placidie ; elle n'eft encore
qu'ébauchée ; attendez jufqu'à demain,
je la reverrai ; vous la trouverez moins
mauvaise qu'aujourd'hui. ——Telle qu'elle
eft, repondit vivement Defchamels, il
faut nous la lire ; on fait bien qu'un Cavalier n'eft pas obligé d'écrire comme un
Academicien. Il n'eft pas tard, la fanté
de Placidie lui permettra de vous écouter.

Il falut obéir: un peu de préfence d'efprit
& de mémoire me furent d'un grand fe-
cours dans cette occasion. Je me reffou-

I Partie.
                                    N

vins fort heureusement d'une anecdote, qu'on m'avait racontée dans le temps que j'étais Mousquetaire. (Ce trait historique devait plaîre à Deschamels, dont il alait flater la manie ; & j'avoûrai que je me serais bien gardé de lui en faire-part, si son projet n'avait été plûsque chimerique.) J'y donnai un de ces titres frappans, qui dans le fond ne disent pas grand'chose. Mais je n'avais guère le temps d'en chercher un autre : je voulais seulement qu'il éblouît mes Auditeurs ; & tous les jours les Auteurs de nos Brochures en font autant. L'on verra par le style, qui n'est pas le mien, qu'effectivement je n'inventais pas cette Historiette, qu'un de mes Amis avait composée, dans le goût de celles qu'on a depuis titrées *Contes Moraux*. Ainsi donc, mon Manuscrit à la main que je tournais du côté de la muraille, un gueridon à mes côtés, sur lequel il y avait un flambeau, je commençai de la sorte, feignant de lire, & tournant les feuillets à mesure que je parlais.

LES COUPS - DE - THÉATRE,

Conte physique & moral (16).

« Il y avait à Paris, quartier du Temple, une pauvre Femme qui avait été jolie, & qui ne l'était plus, parce qu'elle était vieille. A trente-six ans, & lorsqu'elle avait encore d'assés beaux restes d'une charmante figure, elle eut une faiblesse avec un Jeune-homme de dix-huit à vingt : il y parut : cette tardive grossesse n'embellit pas la femme de trente-six ans ; le Jeune-homme s'en degoûta, & disparut. (Tout cela ne paraît-il pas très-physique ?)

» Une fille, belle comme l'Amour son père, & qui dans la suite fut douce & touchante comme l'avait été sa Mère, resulta de tout ce je viens de dire : sa

____

(16) & moral est ajouté d'une autre main sur le Manuscrit ; aureste, on ne saurait dire avec qui cette Avanture est arrivée au G. D.

N 2

Maman l'alaita comme elle put, & , s'il est permis d'employer cette metaphore, lui fit sucer sa douleur avec son lait. *Zoé* (c'est ainsi qu'on la nomma, parce qu'elle était née le 5 Juillet, fête d'une Sainte de ce nom), Zoé enmaillotée par la tristesse, & toujours arrosée de larmes, n'en versait point elle-même, tant son petit caractère était excellent; mais elle devint tendre & serieuse. Dès six ans, elle fut la consolation de sa Mère; & par ses caresses enfantines, elle adoucissait un sort d'autant plus rigoureux, que la pauvreté retrecit l'âme & la rend incapable de ces fortes resolutions, qu'on ne prend guère, que lorsqu'on n'a qu'un mal à combattre. (Et voilà, si je ne me trompe, du physique & du moral ?)

» A-mesure que la petite Zoé grandissait, sa Mère s'affaiblissait dans la même proportion : la dernière avait travaillé à des ouvrages de femme, & peignait en mignature ; sa Fille en fit autant : mais elles étaient endettées depuis un temps considerable, & jamais elles ne

purent (à-cause de l'enfance de l'une, &
des infirmités de l'autre) que payer les
anciennes dettes par de nouvelles. La
Mère mourut enfin, & Zoé se trouva
seule, avec des attraits & de la misère,
dans une équilibre assés juste, à-moins
que les attraits ne l'emportassent. Les
Creanciers s'emparèrent des debris de la
succession. Il y avait dans le nombre une
Marchande à-la-toilette, qui jeta son
devolu sur Zoé, se promettant de tirer
un excellent parti de cet effet : elle la prit
chés elle, la cacha soigneusement au gros
de ses connaissances, & ne se proposa
pas moins que d'en faire la Maitresse
d'un Financier, ou d'un Mylord.

» Zoé avait été élevée par sa Mère, dans
une parfaite connaissance de la perfidie
& de l'ingratitude des hommes ; elle en
avait horreur. Son Hôtesse ignorait ces
dispositions, & cherchait parmi ses Pra-
tiques ; persuadée qu'elle n'aurait qu'à
parler, ou tout-au-moins qu'à montrer
l'appât de la parure & des bijoux, pour
faire vouloir à une Enfant de quatorze

ans, & douce comme Zoé, tout ce qu'on voudrait qu'elle voulût. Elle ne tarda pas à rencontrer ce qu'elle cherchait : c'était un homme de trente-deux ans, d'une figure agreable, que la fortune venait d'élever affés rapidement au plus haut degré de richeſſe.

»Un matin, elle entra dans la chambre de Zoé, à quî, depuis quelques ſemaines, elle avait fait prendre une nourriture delicate, & interdit toute application à l'ouvrage : — Mon enfant (lui dit-elle), nous alons ſortir enſemble ; & comme vous êtes jolie, que j'entrerai chés une de mes plus belles connaiſſances, je veux que vous me faſſiez honneur ; il faut vous parer. Vous paſſerez pour ma fille, & je vous regarde comme telle : auſſibien pourrez-vous le devenir un jour : mon fils eſt encore un morveux ; mais il eſt gentil, comme vous voyez, quoiqu'un peu têtu ; il ſera un aſſés bon parti, & ſi vous vous conduiſez ſelon mes avis, que vous faſſiez le chemin que vous pouvez faire avec cette fripone de figure

là, il sera toujours tout-prêt à vous
épouser, aux conditions qu'on voudra,
& suivant les circonstances——. Ce discours était de l'algèbre pour Zoé : cependant elle remercia la Courtière, & l'em-
braffa les larmes aux yeux.

» Celle-ci l'aidait à s'habiller : une Coï-
feuse tira parti de la plus belle cheve-
lure ; un corfet raffemblant ; de beau linge ;
avec la robe d'une étoffe féyante à
la jeuneffe ; des bas de foie ; une chauffure
mignone, qui montrait toutes les grâces
d'un petit piéd : & voila Zoé prête ;
dès qu'on eut mis fur fon fein une gaze,
qui le couvrait moins qu'elle n'irritait les
desirs.

» Une voiture attendait à la porte: on fit
remarquer à Zoé qu'elle était jolie ; (&
physiquement cette vue ne fit pas une
desagreable impreffion fur la Jeune-fille.)
L'on defcendit à une maison de belle apparence : des Domeftiques bien vêtus
introduisirent dans un appartement, que
le Goût & la Volupté paraiffaient avoir
meublé. Un homme aimable, d'une fi-

gure riante & ouverte, fortit en robe-de-
chambre d'un cabinet, orné de tout ce que
les arts ont produis de plus parfait. Sa vue
troubla Zoé; (& je protefte que rien n'é-
tait plus physique.) Il fut troublé lui-
même, moins par les appas qu'il voyait,
& qu'il trouvait audeffus de ce qu'il
avait attendu, que par le fond qu'ils em-
belliffaient : cette phyfionomie charmante
n'était pas étrangère au Financier : mais
où l'avait-il vue ? C'eft ce qu'il ne put
jamais f'éclaircir à lui-même.

» Cependant il fentit je ne fais quelle
reserve qu'il n'avait pas coutume d'avoir
avec une jolie fille : il avait pris la main
de Zoé; il ne la baisa pas : il l'avait in-
troduite dans fon cabinet; il rougit en
lui voyant jeter les yeux fur les volup-
tueuses peintures dont il l'avait égayé.

» Mais ce fentiment honnête ne dura pas.
Enhardi par un certain air de contentement qu'il remarqua dans les yeux de
la belle Zoé; par cet air de confiance
qu'on ne prend qu'avec les genf qui
nous ont plu, il fit un figne à la Cour-

tière, qui se retira. Demeuré seule avec l'innocente Beauté, il crut devoir commencer par lui dire tout-net ce qu'il exigeait d'elle. Zoé ne soupçonnait rien ; elle ignorait encore, & n'avait jamais songé pourquoi elle était chés la Courtière ; pourquoi elle en était aimée ; pourquoi elle l'avait parée le matin d'une manière aussi agaçante que peu modeste ; pourquoi elle venait de l'amener & de la laisser seule avec un homme riche : la nature ne donne pas ces notions là ; elles dependent de l'experience & de la connaissance des mœurs. Mais Zoé, d'après les instructions de sa Mère, en savait assés, pour voir qu'on en voulait à sa vertu, & qu'elle était dans le moment critique, où il falait choisir entre vivre fille-d'honneur & pauvre, ou devenir une riche.... le mot n'est pas honnête. Elle n'hesita pas. —Je ne sais, monsieur, repliqua-t-elle, quel est le sort qui m'attend ; orfeline, abandonnée à la merci d'une Étrangère, dans un âge où les piéges se multiplient, & où l'inexperience ne peut souvent les decouvrir sous les fleurs qui les cachent, mon sort est digne de pitié. Je ne vous cacherai pas que je n'ai vu jusqu'à-présent les hommes qu'avec horreur; vous étiez le premier, pour qui mon cœur commençait à s'ouvrir à la confiance : vous venez de le fermer. Je vous avais cru un Protecteur, tout me le disait; mais vous n'êtes qu'un homme, & c'est un homme qui a rendu ma Mère la plus malheureuse des femmes; je ne veux rien recevoir de vous. Adieu, monsieur: je regrète bien que vous ne soyiez pas ce que j'avais pensé——. Elle voulut sortir en achevant ces mots. Le Financier demeurait immobile; l'étonnement, un sentiment secret plus fort que le desir qu'excitait la beauté, une compassion genereuse, se livraient dans son cœur un combat opiniâtre. ——Arrêtez, lui dit-il; je veux . . . être . . . tout ce que vous regrettez. ——Vous ne me rendrez pas la confiance, monsieur; votre discours l'a detruite; vous ne me rendrez pas l'estime que j'avais

conçue ; le refpeﬅ que vous m'infpiriez ;
non, je veux rien de vous : il me femble
que les bienfaits d'un Être qu'on eﬅ forcé
de mepriser, feraient auﬄi accablans, pour
une âme reconnaiﬀante , que honteux à
recevoir——. Elle ouvrit le cabinet, fans
que le Financier eût la force de lui repondre ; elle fortit , & difparut comme
l'éclair , fans f'informer de celle qui l'a-
vait amenée.

» Celle-ci l'attendait , enivrée des plus
flateuſes efperances , & ne fe doutant
guère de ce qui fe paﬀait. De fon côté
le Financier , qui croyait Zoé retour-
née auprès de fa prétendue Mère , voulut fe remettre de fon trouble avant de
les aler rejoindre. Une demie-heure f'é-
coula. Mais quel fut fon étonnement, fa
douleur , & celle de la Courtière , lorfqu'il ne la trouva point auprès de cette
femme , & qu'il eut appris de fes genſ,
que Zoé était fortie feule à pas précipi-
tés ! La Courtière courut chés elle : re-
doublement de chagrin ; Zoé n'y avait
point paru. Laiﬀons la f'inquiéter , ainſi

que le Financier, qui avait pris les plus favorables difpofitions pour la jeune Orfeline, & fuivons la belle Zoé.

» Elle fortit de chés le Financier la larme à l'œil. Elle marcha quelque temps fans deffein, & dans la feule vue d'éviter également le Seducteur & fa dangereufe Hôteffe. Mais enfin elle fe demanda à elle-même, où elle alait ? Il faudrait y avoir paffé, pour fentir combien cet inftant fut affreux. Elle n'avait plus d'afile. Zoé jète autour d'elle un regard de defefpoir ; elle pâlit : toutes les horreurs de l'abandonnement & de la mifère f'offrent à fon imagination. Que devenir ? Elle n'en favait rien : mais elle tourna fes pas du côté de la demeure de fa pauvre Mère. Elle y arrive. En regardant cette maifon, fes yeux devinrent deux fontaines de larmes ; les fanglots fuccèdèrent : elle monte éplorée, frappe à la porte ; des Inconnus lui ouvrent ; elle entre fans favoir ce qu'elle fefait, tombe fur un fiége, & pouffe des cris perçans. —Ah! Maman! ma chère Maman, f'écriait-elle, où êtes-vous !… Mon Dieu, qui me l'avez ôtée, fervez-moi de pè- re !…—. Et f'avançant vers l'endroit où fa Mère avait coutume de fe placer, elle f'y mit à genoux, en f'écriant: —Ma- man, vous n'êtes plus là !… vous n'y êtes plus…… vous n'y ferez plus ja- mais !… Et votre pauvre fille… vo- tre pauvre fille, que va-t-elle devenir—! Elle fe tut, & demeura comme accablée.

Les genf de la maison ne furent d'a- bord que penfer de ce qu'ils voyaient ; mais la fuite des regrets de Zoé les inf- truisit un-peu ; fa beauté, fa parure leur firent même préfumer une partie de la verité : Ce font-là des effets moraux de la beauté, qu'on devine aifément à Pa- ris. Lorfqu'on la vit un peu tranquile en apparence, on lui fit des queftions ; & l'on apprit que fa Mère avait occupé cette chambre. On avertit la principale Locataire, qui reconnut Zoé, & qui la voyant fi bien mise, lui parla avec un dedain, qui changea la bonne-opinion qu'on avait d'abord prise de la jeune In-

fortunée. Zoé fut priée de dire sa demeure, pour qu'on l'y conduisît. Et comme
elle ne repondait que par des sanglots,
la principale Locataire, femme d'un
marchand Épicier, eut la dureté de lui
dire, Qu'elle entendait deja fort bien à
jouer l'Avanturière. Voila comme est le
Peuple de Paris ; il présume toujours le
mal, & comme en le présumant, il a
souvent deviné juste, il n'examine jamais, & ne croit pas qu'il puisse y avoir
d'exception. De-là cette dureté qui lui
est naturelle, & qui le rend plus insensible
que les Anthropophages. La brutale Épicière ne s'entint pas aux paroles dures ;
elle prit Zoé par le bras, & l'alait faire
descendre, si ses Locataires qui étaient
de Province, ne s'y fussent opposés. Ils
prièrent même la Jeune-personne de les
mettre à-portée de lui être utiles, en leur
racontant ce qui la reduisait dans l'état
où ils la voyaient.

» Zoé, intimidée par la présence de l'É-
picière, dit tout en trois mots, en ne
mettant dans son recit que les circonstan-

ces eſſencielles. —L'on peut ſ'aſſurer que je n'en impose pas (continua-t-elle) ; & ſi l'on voulait me donner un asile, me procurer, ſoit de l'ouvrage, ſoit une place, je donnerais la demeure de la Femme où j'ai reſté depuis la mort de Maman, ſans ſortir ni voir perſonne ; ainſi que celle du Monſieur chés lequel elle m'a conduite ce matin, & où je l'ai laiſſée—. Ce diſcours parut vrai : l'Épicière, bonne-femme au ſond, promit l'asile & de l'ouvrage. Sur-le-champ, elle envoya ſon Garſon chés la Courtière, qu'il ne trouva pas : il ſe rendit, ſuivant les ordres de ſa Maitreſſe, chés le Financier. Dès qu'il eut prononcé le nom de Zoé, la joie brilla ſur le viſage du Richard & de la Corruptrice : mais ils n'eurent garde de dire la vérité ; Zoé fut dépeinte ſous les couleurs d'une petite étourdie, paîtrie de vanité ; qui ſ'imaginait qu'elle tournait la tête de tous les hommes. L'impoſture était groſſière : mais elle ſuffit pour le Garſon-épicier, que la retenue, peut-être un peu fière, de

Zoé, avait autrefois indiſposé contr'elle :
il rendit le tout , avec un commentaire de
ſa façon , qui n'était pas avantageux :
Zoé fut renvoyée.

» Le Financier & la Courtière (comme
on l'imagine bien) ne ſ'étaient pas attendu à voir revenir Zoé d'elle-même ;
une voiture, des genſ, & une femme-
de-charge afidée ſuivaient le Garſon-épicier, pour ſ'emparer de la Jeune-perſonne dès qu'elle ſortirait. Mais à l'inſtant où elle mit le pied hors de la boutique, un embarras, causé par deux
guimbardes (17), empêchait le caroſſe
d'approcher. Zoé, qui l'aperçut (c'était
le même qui l'avait amenée) ſ'échappa,
ſe gliſſa entre les charètes, au riſque d'être
écrasée, & ſ'éloigna.

» Elle fuyait avec précipitation, & deja
elle avait pris une autre rue, quand un
Jeune-homme de bon air & fort bien mis,
remarquant ſon desordre , & ſur-tout ſa

---

(17) Grandes voitures à quatre roues, chargées
de marchandiſes.

beauté

beauté, s'approcha d'elle (18). Zoé dou-
bla le pas, & se voyant toujours suivie,
ne savait plus que devenir. Le Jeune-
homme, qu'elle interessait vivement,
profita d'un instant où elle fut obligée
de s'arrêter à cause d'un nouvel embarras, pour entrer dans la boutique d'un
Marchand Drapier, qui le connaissait
pour un Seigneur de la première qualité.
Il pria la Maitresse du logis qui s'y trouvait heureusement, d'appeler elle-même
la Jeune-personne, qu'il lui montra. Zoé
se voyant invitée par une Dame honnête, aimable, & qui lui souriait, s'a-
vança timidement. —Qu'avez-vous,
mademoiselle, lui dit la Marchande?
vous paraissez dans une agitation trop
extraordinaire, pour qu'elle ne soit pas
causée par quelqu'étrange accident; parlez, & soyez sûre que vous vous adressez
à une personne qui prendra part à ce
qui vous touche, comme si vous étiez

____

(18) On sait que le G. D. venait quelquefois à
Paris *incognito*, & s'y promenait à pied.

1 Partie.   O

fa fœur.—Ah Madame ! (repondit Zoé)
je ne ferais pas à-plaindre , fi j'avais une
fœur ; j'aurais du moins un asile , & je
ne ferais pas étrangère à tout le monde.
—Expliquez-vous , mademoiselle , reprit l'honnête marchande , & foyez affu-
rée que je vais realiser mes offres. —Eh-
bien, madame (dit Zoé , fi vivement
émue , & fi touchée , qu'elle lui baisa la
main) fans vous , je ne fais pas ce que
j'alais devenir—? Des larmes coulèrent ,
& Zoé n'en fut que plus belle.

» Le Jeune-homme était présent. L'on
paffa dans un falon , où Zoé fut priée de
ne dire que ce qu'elle jugerait à-propos
de fon hiftoire. Et avant qu'elle repondît, on appela une fille, qu'on chargea de
préparer une chambre pour la recevoir.
—Vous êtes fatiguée aujourd'hui, lui dit-
on fur-le-champ ; nous ne voulons rien
favoir que demain : vous alez monter
chés vous , mademoiselle; c'eft chés vous,
entendez-vous bien ? & vous y ferez maitreffe abfolue—. Zoé pénétrée de reconnaiffance , alait fe jeter aux genoux de

la Marchande ; celle-ci la retint , & l'embraſſa. —Non , madame (dit-elle toute
attendrie) non , il n'eſt pas neceſſaire de
remettre à-demain pour me faire connaître ; dès aujourd'hui vous alez tout ſavoir : hélas ! le récit n'eſt pas long—. Le
Jeune-homme interrompit Zoé , en prenant congé de la Maitreſſe de la maiſon ,
& ſe retira , pour laiſſer plus de liberté
à la belle Inconnue.

» Monſieur n'eſt donc point votre mari ,
madame (dit Zoé en rougiſſant)? —Non,
mademoiselle ; c'eſt un jeune Seigneur de
la Cour , fort riche , & qui fait beaucoup
de bien ; on le nomme le *Chevalier des Lys*;
je ne connais pas ſa maiſon , mais elle doit
être illuſtre , & ſes mœurs lui font honneur. Il vous conſiderait , dans l'inſtant
même où je venais de vous apercevoir ,
& où je commençais de m'intereſſer à
vous. —Cette Jeune-perſonne eſt charmante (m'a-t-il dit) ; mais je lui crois des
chagrins : tâchez de les penetrer ; & voyez ſi je lui peux être utile. . . . Peut-on
être malheureuse avec tant de charmes—!

Je me suis auffitôt approchée de vous——.

» Dans le moment, une Fille vint dire à fa Maitreffe, que le chocolat était fervi. ——Alons le prendre (dit la nouvelle Amie de Zoé). Elle la fit paffer dans une autre pièce, où était fon Mari. En déjeûnant, l'aimable Fille raconta fa dernière avanture; & puis ce qui l'avait occasionnée; enfuite la mort de fa Mère, & tout le refte. Charmés de fa narration naïve, la Marchande & fon Mari lui dirent mille choses flateuses; & Zoé, quoique fans experience, vit bien qu'elles partaient d'une âme honnête.

» Il y avait quinze jours que Zoé demeurait dans fon nouvel asile, où les attentions qu'on avait pour elle alaient toujours en croiffant; & le Chevalier des Lys ne f'y était pas remontré; du-moins Zoé ne l'avait pas vu: mais dans les entretiens que la Maitreffe-de-la-maison avait fouvent avec elle, on en disait quelques mots; & Zoé paraiffait l'entendre louer avec plaisir. Le feizième jour, il parut. Zoé en fut avertie, &

priée de descendre. En le voyant, elle rougit. Les choses qu'il lui dit furent galantes, mais reservées; & sur-tout accompagnées de tant de circonspection, de manières si respectueuses, lorsqu'il demanda quelques éclaircissemens; il marqua un intérêt si vif & si tendre quand on l'eut instruit; les éloges qu'il donnait à la vertu de Zoé étaient si delicats & si vrais, qu'en sortant il emporta les regrets de cette belle Fille, & peut-être son cœur.

» Il y eut un autre intervale de quinze jours entre la seconde visite : mais durant celui-ci, Zoé parla quelquefois la première du Chevalier des Lys. On suivait pas à-pas son goût naissant, quoiqu'on ne se permît rien qui l'accelerât; & l'on rendait fidèlement au Chevalier les decouvertes que l'on fesait. Ce developement d'un cœur tendre & pur, est le plaisir le plus doux qu'un Amant puisse goûter. Heureux mille fois celui . . . Mais il ne s'agit pas ici de vous exprimer combien ce bonheur me tenterait : il fau-

drait être dans une autre position que
la mienne, pour le desirer, & pour le
savourer comme il faut.

» Si le Chevalier des Lys ne pouvait
plus douter qu'il ne fût aimé; il n'était
pas moins certain qu'il ne devait le cœur
de Zoé qu'à l'honnêteté du sien ; & au
soin constant de montrer des vues desin-
teressées. Il forma la genereuse resolution de se borner à ce genre de felicité ;
peut être même l'avait-il toujours eue. Il
était marié ; son Épouse n'était pas belle,
& par-consequent elle était fort jalouse ;
mais elle avait d'ailleurs tout le merite
qu'on peut desirer dans une femme : Le
Chevalier lui accordait toute son estime, & s'il lui derobait quelque chose
du côté de l'amour, il ne voulait pas
qu'elle eût d'autres plaintes à faire. Sa
passion pour Zoé, lui procurait des momens delicieux, & rendait cette Jeune-
personne la plus heureuse des Filles ;
voir le Chevalier, l'entendre, était pour
elle un plaisir qui remplissait toute son
âme : aimer, & l'être, c'est la felicité

des Dieux : comment un Mortel aurait-
il eu la force de s'y refuser !

» Un jour le Chevalier des Lys èntra
fans être vu : l'aimable Fille était affise
à côté de la Marchande , & travaillait
à une mignature : le Chevalier f'avance
derrière fa jeune Maitreffe, & voit qu'elle
traçait de mémoire ... fes traits à lui-même. Il entendit enfuite la converfation
fuivante , fans en perdre un feul mot.

» (ZOÉ). Madame , trouvez-vous que
j'approche de la verité ? (LA MARCHAN-
DE). Mais , oui ... bien ! très-bien ! c'eft
lui-même !.... Ah quel plaisir , f'il favait... (ZOÉ) Ah madame ! gardez moi
le fecret que vous m'avez promis ! que
penferait de moi le plus aimable & le
plus fage des hommes, f'il favait que
cette pauvre Orfeline , dont il a eu pitié , ôse.... (LA MARCHANDE). A votre tour , gardez-vous bien de lui parler
de la confidence que je vous ai faire ; il
ne veut abfolument pas que vous fachiez
ce que vous lui devez : il vous aime
pour vous-même , & ne demande ni re-

connaiſſance, ni retour de votre part.
(ZOÉ) Il m'aime ! (LA MARCH.) S'il
vous aime ! (ZOÉ). Ah ! madame, eſt-
il bien vrai qu'il vous l'ait dit ? Ne badi-
nait-il pas ? Avait-il un air bien ſerieux,
bien touché ? (LA MARCH.). Ma
chère Zoé ! ma tendre, ma parfaite
Amie ! (ZOÉ). Que vos careſſes me ſont
précieuses ! mais...... (LA MARCH.)
Vous voulez une reponſe ? Eh-bien, il
n'eſt pas poſſible d'exprimer combien il
vous cherit ; mais ce qui m'enchante, c'eſt
que par vos diſcours, je vois qu'il eſt
aimé... autant qu'il aime. (ZOÉ). *Autant qu'il aime !* Ah ! dites, dites, mon
Amie, dites mille fois davantage.....
Cher Chevalier, je vous aime, oui, je
vous aime... je vous aime ... (LA MAR-
CHANDE), Vous ne trouvez rien de plus
tendre à dire à ce portrait ? (ZOÉ). Non,
ma chère ; quand j'ai dit au Chevalier
que je l'aime, je ſens bien que j'ai quelque chose à dire encore ; je parle, & ma
langue repète, *je vous aime.....* Mon
Amie, ce coup-de-pinçeau a fait merveil-
les :

les : voyez, voyez ? il semble sourire....
A-propos ? quelle est donc sa charge à
la Cour ? (LA MARCH.) Je l'ignore ; je
n'ai pas encore ôsé l'interoger là-dessus.
(ZOÉ). *Osé l'interoger !*.... Mon Amie ?
je n'ai jamais vu la Cour ; il faudrait aler à
Versailles ; nous verrions le Chevalier...
Mais peut-être le desobligerions nous ?
(LA MARCH.) Votre reflexion est
juste ; & vous vous souvenez bien que
l'autre jour nous lisions l'histoire ou la fable de Psyché ; où nous vimes qu'il ne faut
pas être trop curieuse. Je serais assés portée
à croire, que cet Amour prétendu était
quelque Prince, qui ne devait pas être
connu pour ce qu'il était. (ZOÉ). Je n'y
songe plus.... Mon Amie, où mettrai-je ce
portrait ? (LA MARCH.) Il faut l'orner :
ces diamans, que vous trouvates l'autre-
jour sur votre toilette, si nous les don-
nions.... (ZOÉ). Ah ma chère ! que
cette idée est heureuse, & qu'elle me
flate ! Il faut mander le Bijoutier, dès aujourd'hui. (LA MARCH.) Sur-le-champ :
vous le mettrez à votre bras, quand nous

I Partie.   P

ne ferons que nous-deux. (Zoé). Que vous êtes une aimable Amie——!

» La Maitreffe-de-la-maison ayant pofé fon ouvrage pour fe lever, le Chevalier fe retira vers la porte, & feignit d'entrer comme elle alait fortir. Le feu de l'amour & de la joie brillait dans fes yeux ; jamais il n'avait paru fi aimable ; & jamais Amant ne fut fi tendre. A l'heure où il avait coutume de fe retirer, Zoé lui dit : —— J'en veux bien à votre charge à la Cour ! (LE CHEVALIER). Pourquoi donc, mon Amie ? (ZOÉ). Il eft fi doux d'être avec vous ! (LE CHEV.) Il eft fi cruel de vous quitter ! (ZOÉ). Eh ! pourquoi, pourquoi nous feparer ? (LE CHEV.) Il le faut : un devoir rigoureux, mais indifpenfable, m'en fait une loi. Je lui derobe tous les momens que je lui puis ôter. (ZOÉ). Je n'ai jamais vu la Cour. (LE CHEV.) Voudriez-vous la voir ? (ZOÉ). Oh-non !... je craindrais . . . (LE CHEV.) De m'accorder une faveur ? (ZOÉ). Je la verrai donc——. Le jour fut marqué dans la femaine fuivante ; & le Chevalier partit.

» Deux jours après , l'on rapporta le portrait avec la riche bordure dont il était orné. Zoé le mit ſur un braſſelet magnifique , qu'elle tenait du Chevalier. Ce n'était pas l'un des jours où cet homme adoré devait venir ; cependant on le vit entrer ſur les ſept heures du ſoir, avec un Ami (qui l'accompagnait toujours, mais qui reſtait ordinairement dans la voiture , & qu'on nommait M. Biran) : Zoé ſurpriſe , rougit prodigieuſement : la Maitreſſe-du-logis ſouriait , & le Chevalier , plus au fait qu'on ne croyait , demanda ce que ſignifiait tant de trouble ? Zoé ſe retira vers une croiſée pour ôter ſon braſſelet : mais le Chevalier l'y ſuivit ; & ſans affectation, lui prit la main. Après quelques inſtans de converſation , il jeta les yeux ſur la mignature. —Quel eſt donc ce portrait, mon Amie ? (ZOÉ, Mon cher Chevalier ! ſi vous voulez m'obliger, vous ne le regarderez pas. (LE CHEV.) Je vous obéis : mais qu'il me ſoit permis de vous faire une queſtion : De qui cette peinture eſt-elle l'ouvrage ?

(ZOÉ). C'eſt... c'eſt... le mien. (LE
CHEV.) Ah! permettez.... Vous culti-
tivez un talent enchanteur, & vous me
cachiez cette perfection!.... Ma chère
Zoé, permettez——... Elle laiſſa prendre
ſon bras; le Chevalier regarde la migna
ture, la detache, la montre à Biran, &
dit à ſon Amante : ——Belle Zoé! quoi!
je ſuis aſſés heureux pour vous avoir
occupée! ah! conſentirez - vous à reprendre de ma main cet ouvrage charmant qui m'embellit? (ZOÉ). De tout
mon cœur. (LE CHEV.) J'ôſe eſperer une
nouvelle grâce : votre image... (ZOÉ). Je
vous entens : &... puiſque vous avez...
mon cœur... Mais je veux me peindre
moi-même, & n'y travailler que lorſque
vous ſerez avec moi——. La proposition
fut acceptée avec tranſport, comme une
double faveur ; & ſur-le-champ Zoé
commença l'ouvrage. Le lendemain, &
les jours ſuivans elle le continua. Quel
plaisir pour un Amant, de voir éclore
ſous la main de ce qu'il aime, un tresor
qui lui eſt deſtiné! Il ſerait trop long de

rapporter toutes les douceurs que le Chevalier debitait à la belle Zoé ; à quelque peu de delicatesse près, tous les Amans en diraient autant que l'aimable Des Lys (tant la source de tout cela est physique & *morale*) !

» Le jour designé pour le voyage de Versailles arriva, que le portrait de Zoé n'avait pas encore sa perfection.   Elles partirent ; la Jeune-personne & son Amie furent reçues par le Chevalier des Lys, qui fut obligé de les quitter dès qu'il les eut instalées dans l'hôtel où elles devaient loger.

» Zoé, dans le même lieu que son Amant, ne s'occupait que de lui : elle reprit la mignature ; elle y cherchait des defauts ; & l'original était si parfait, qu' il était facile d'en trouver à la copie. Elle était dans cette occupation, la plus importante pour elle, quand son Amie vint lui dire, qu'il y avait un magnifique tableau dans la pièce voisine. Zoé fut presque fâchée de ce qu'on la distrayait ; mais comme son humeur liante

la rendait toujours prête à faire ce qu'on
voulait, elle se leva sur-le-champ pour
suivre sa Compagne. Quelle fut sa joie,
de voir le portrait en pié d de son Amant
lui-même, & de la main du plus grand
Maître! Le Chevalier l'avait fait porter
la veille dans cette salle, par un Domes-
tique de M. Biran, qui avait demandé à
l'y déposer pour quelques jours. Zoé ne
songea plus à sa mignature; son Amant
l'occupa seul & sans partage.

» Elle était dans cette douce contem-
plation, lorsqu'il revint : —Un moment,
ma chère Zoé, lui dit-il, je n'ai qu'un
moment ; mais je serais inconsolable qu'il
ne fût pas pour vous—. En-effet, il ne demeura qu'un instant : mais qu'il fut bien
employé! Zoé lui prit la main, & lui
montrant le tableau, elle lui dit : —Je ne
pouvais le quitter—. Le Chevalier ne lui
repondit que par un sourire. —Ah ! (dit
Zoé) le Peintre n'a pas rendu cela—! Et
les yeux tendrement fixés sur son Amant,
elle lui donnait l'inexprimable plaisir
d'être admiré par l'Objet qu'on aime. Il

s'y livrait tout entier : mais songeant qu'on l'attendait, & qu'il falait se retirer, il en soupira.

»Comme il sortait, Zoé aperçut au-bout de la galerie, une croisée qui donnait sur la rue ; elle pria son Amie d'y venir avec elle, pour voir une minute de-plûs celui qu'elle aurait voulu voir toujours. Ce fut de-là qu'elles observèrent le Chevalier : il était environné de jeunes Seigneurs, qui semblaient lui marquer beaucoup de deference, & même du respect : il monta dans une voiture aux armes de France ; M. Biran, richement vétu, y entra seul avec son Ami; des Pages se placèrent à-côté du siége ; enfin il était accompagné de tout ce qui convenait à un Prince.

»Frappée de tout ce qu'elle decouvrait, Zoé demeurait immobile. Le Chevalier mit la tête à la portière, & ses regards se portèrent sur la maison où il laissait Zoé, avec une expression si tendre, ses yeux exprimaient tant d'amour & de regret, que Zoé en fut vivement émue.

P 4

Elle entrevit alors le cordon de l'Ordre, que le Chevalier avait caché, en lui parlant.

[J'en étais là de ma prétendue lecture, lorsqu'un chat, pourſuivi par un chien-de-chaſſe de Deſchamels, entra bruſquement dans la chambre de Placidie, & vint ſe refugier ſous ſon lit. Le chien le relança dans ſa retraite, resolu de l'étrangler ; & en voulant ſe fourer ſous le lit, il jeta par terre le gueridon & le flambeau qui était deſſus. Deſchamels, pour plus grande ſureté, ſ'aſſit ſur le lit de ſa Fille ; ſa précaution n'empêcha pas qu'elle ne me tendît la main, & que je ne la baisaſſe deux ou trois fois. Nous riſquions beaucoup : eh ! ne riſque-t-on rien quand on aime ? On apporta de la lumière, & l'on me pria de pourſuivre. Ce petit accident, & le plaisir que je venais de goûter, me troublèrent : je ne ſavais plus où j'en étais. Après avoir reflechi quelques momens, ſous prétexte de ne pouvoir trouver l'endroit où j'en étais reſté, je me remis, & continuai de la ſorte.]

» La belle Zoé ignorait les usages ; elle ne fut pas auſſi éclairée qu'elle le devait être : mais ſon Amie comprit que la Jeune-perſonne était aimée d'un grand Seigneur, qui n'avait pas donné ſon veritable nom. Ce n'eſt pas qu'elle & ſon Mari n'euſſent été frappés d'une certaine reſſemblance : mais l'occaſion qui le leur avait fait connaître, dans une circonſtance où il avait eu recours à leur bourſe, pour une dette du jeu ; la manière dont il ſ'était acquité le jour même, en joignant à la ſomme un très-beau préſent pour la Dame ; l'eſpèce de familiarité qu'il leur avait permiſe ; tout cela éloignait ſi bien leurs idées, qu'il falait un aveu du Chevalier lui-même pour les detromper. La Marchande eut des doutes très-forts ; mais non une certitude. Zoé revint enfin de ſa rêverie : —Vous aviez raiſon, dit-elle à ſa Compagne ; ſa charge à la Cour eſt des plus brillantes—. Et reflechiſſant enſuite ſur la conduite reſpectueuse de cet illuſtre Amant, elle l'aurait aimé davantage, ſ'il avait été poſſible que fa paffion augmentât. Elle ne quitta la place qu'elle occupait, que longtemps après qu'il fut parti.

» Le foir, la Dame qui tenait l'hôtel où Zoé logeait, les mena au Château, voir fouper la Famille royale : Zoé palpitait en entrant ; mais bientôt elle devint trifte & rêveuse ; elle f'était attendue à voir fon Amant ; il ne paraiffait pas. Il lui prit envie de demander les noms des Princes ; on les nomma tous, à l'exception d'un, qui était parti dans la journée pour.... Cette exception lui fit defirer vivement de le voir : & f'apercevant que fon Amie, atentive à confiderer le Roi, ne l'entendrait pas, elle fit à la Dame qui les conduisait des queftions fur les Seigneurs qui avaient fuivi le Prince abfent. La Dame, qui n'était au-fait de rien, les depeignit de fon mieux. Zoé n'y trouva rien qui reffemblât au Chevalier des Lys, qu'elle n'ôsa nommer : elle en fut attriftée. Elle demanda l'heure à laquelle le Prince était parti. C'était celle où fon Amant l'avait quittée. —Mais

(ajouta-t-elle enfin) monfieur le Chevalier des Lys, qui nous a conduites chés
vous, n'eft-il pas avec Monfeigneur——?
La Dame ne l'avait pas vu ; elle ne put
repondre autre chose à cette queftion,
finon qu'elle ne connaiffait pas à la Cour
de Seigneur qui portât ce nom-là.

» Au retour, l'on fe mit à table.
Comme on était au deffert, le Chevalier parut, avec le furtout qu'il portait le
matin, & qu'il avait quitté en montant en
caroffe. Zoé fe leva pour aler à lui, avec
une vivacité qui l'enchanta. ——Ma jeune
Amie, lui dit-il, vous me rendez mes
devoirs trop penibles : ne peut-on pas
vous aimer, fans que ce foit à l'excès ?
——Eh ! qu'importe, fi vous faites reffen-
tir tout ce que vous éprouvez (lui repondit-elle ?) Pour moi, je me trouve fi
contente de moi-même, lorfque je fouffre
de votre abfence, que tout le bonheur de
l'Univers offert à-la-fois, me paraîtrait
infipide, en comparaison de mes peines——.
Enfuite, elle lui montra fon portrait,
qu'elle avait retouché depuis leur der-

nière entrevue ; mais elle ne voulut pas le lui remettre encore : —Nous changerons (lui dit-elle) quand vous me rendrez ce que vous ſavez—. Je ſupprime mille autres petits details. Le Chevalier reſta longtemps , & ſ'oubliait ſans-doute ; mais ayant entendu venir la Maitreſſe-de-la-maison , il ſe retira pour n'en être point vu.

» Zoé revint à Paris le lendemain : ſon premier ſoin fut de mander le Bijoutier , pour faire mettre une bordure au portrait qu'elle deſtinait à ſon Amant : elle lui recommanda de ne rien épargner. —Je n'ai garde , madame , repondit cet homme ; je ſuis prévenu depuis quelques jours , & l'on m'a fait remettre les diamans. Ils ſont d'un prix qui repond à la beauté du bijou que vous me confiez—. Zoé demanda qui l'avait prévenu. Tandis qu'elle fesait ſa queſtion , le Bijoutier examinait la mignature. —Madame , repondit-il , c'eſt l'original d'un portrait qui me paraît de la même main que celui-ci , & dont je fais le plus riche

bijou qui foit peut-être en France : il ref-
femble à Monfeigneur · · · · comme deux
goutes d'eau ; & f'il n'était pas venu
lui-même dans ma boutique, j'aurais cru
que c'était ce Prince.   —*Monfeigneur !*
(dit Zoé toute émue).

» Quelques jours après cette converfation, le Chevalier rapporta le portrait
de Zoé ; & cette aimable Perfonne lui remit le fien. Je laiffe aux tendres cœurs à
favourer cette agreable circonftance.

» Plus d'une année f'écoula, fans que
la delicate Zoé cherchât à f'inftruire plus
parfaitement du rang que fon Amant tenait dans le monde : elle aimait, elle était
aimée ; il ne faut rien de plùs pour être
heureux. Mais la Marchande ayant acquis
des lumières fûres pendant cet intervale ,
elle les communiqùa fur-le-champ à fon
Mari. Leurs entretiens, depuis ce moment, n'avaient prefque pas d'autre fujet ;
& Zoé fe trouvait fouvent à-portée d'en
entendre quelques mots ; cependant elle
elle était fi retenue, qu'elle ne chercha
pas à penetrer plus avant dans dans des

secrets qu'on paraiſſait lui vouloir cacher.

» Dans ces circonſtances, l'Amie de Zoé fit un ſecond voyage à Verſailles, dont elle mit cette Jeune perſonne. Elles partirent à l'inſu du Chevalier, que Zoé n'eut pas le temps d'inſtruire, quoiqu'elle eût beaucoup de repugnance à ſe rendre dans les lieux qu'il habitait ſans ſa parti-cipation ; mais elle fut entraînée. Elles deſcendirent chés une Connaiſſance de la Marchande : & dès le même ſoir Zoé fut au château avec ſon Amie ; elles eurent ſoin ſeulement de ſe confondre dans la fou-le. Le Roi venait de ſe mettre à table : un inſtant après l'on ſe range ; c'était Mon-ſeigneur qui arrivait. Zoé jete un œil curieux ſur ſa Suite, avant de chercher le Prince lui-même ; mais n'y trouvant pas ce qu'elle ſouhaitait, elle baiſſa triſtement la vue. On vantait à côté d'elle la bon-ne-mine de Monſeigneur, ſans que Zoé fut tentée de le regarder. Enfin un reſte d'eſperance lui fit lever les yeux, & le premier objet qu'elle decouvre, c'eſt M. de Biran : un tremblement univerſel la faisit. Ses regards rencontrent enfin le Prince : une Amante ne peut se méprendre ; Zoé laisse échapper un cri demi-étouffé par la pudeur, & tombe dans les bras de son Amie. Tous les yeux se tournèrent sur cette belle Personne, & Madame la D ··· même s'interessa pour elle. Ces soins obligeans causèrent le plus grand embarras à l'Amie de Zoé, qui ne parvint qu'avec peine à la derober aux regards de toute la Cour, & sur-tout à la curiosité presqu'indecente d'un homme au dessus du commun, qui paraissait chercher à la reconnaître. Mais enfin ni le G. D. ni M. de Biran ne la virent ; & Zoé fut si promptement emportée par ses Hôtes, que le Curieux dont je viens de parler ne put suivre ses traces.

» Lorsque Zoé fut seule avec son Amie, elle se jeta dans ses bras, en laissant échaper des larmes : —Ah ma chère ! (s écria l'aimable Fille) il est trop grand pour être fidèle : mais au prix de tout mon bonheur, je ne voudrais pas qu'il le fût moins—! Elles passèrent une partie de la nuit à se repeter mille-fois les mêmes choses, & Zoé les entendait toujours avec la même émotion qu'à la première. Le lendemain, elles se hâtèrent de se rendre à Paris.

» Si Zoé seule avait reconnu le Prince, sa conduite avec lui n'aurait pas fait naître le moindre doute qu'elle l'eût deviné : mais la Marchande, depuis la scène des appartemens, ne pouvait s'empêcher de mettre dans ses manières plûs de reserve & de respect. Le prétendu Chevalier des Lys ne tarda pas à le remarquer. Zoé s'en aperçut. —Vous lui laissez voir que nous le connaissons (dit-elle à son Amie) ; il en est moins heureux... Cher Prince (ajouta-t-elle) dont l'âme sensible est encore plus élevée que la naissance, je donnerais toute ma felicité, pour prolonger la vôtre d'un instant! ..., Cependant, s'il est dans l'incertitude; mon cœur me dit que c'est un supplice, dont il faut... l'affranchir—?

» L'Amie de Zoé ne demandait pas mieux ; une demi-liberté la gênait plûs

que

que le respect (19). Mais un jour, tandis qu'elles étaient dans cette disposition, une voiture s'arrêta devant la porte. Il en sortit un Homme de bonne-mine, qui demanda au Marchand à voir quelques étofes. La Maitresse-de-la-maison descendait ; elle reconnut, avec quelqu'inquiétude, dans ce Monsieur, l'Importun qui avait marqué tant d'empressement à Versailles pour voir Zoé : elle en fut aussi reconnue à-son-tour : —Ah madame ! (lui dit-il avec une sorte de transport) serait-ce vous qui conduisiez la Jeune-personne, que je perdis de vue malgré moi avanhièr chés le Roi ; que j'ai depuis inutilement cherchée, & que je brûle de retrouver—? La Marchande était encore indecise sur la reponse qu'elle devait faire, lorsque Zoé, qui depuis

_____

(19 Il semble que ce soit la raison pour laquelle le despotisme règne en Orient. Ce Peuple nonchalant veut qu'on lui ôte jusqu'à la peine de vouloir, & de demêler à quel degré il doit s'abaisser ; il préfère les extrêmes, qui se font toujours machinalement.

I Partie.   Q

la decouverte du rang de son Amant, ne
se cachait plus avec autant de soin , entra
dans le salon, en ne fesant attention qu'à
son Amie. L'Inconnu court à elle avec
précipitation : —Quoi! je vous retrou-
ve (s'écrie-t-il) ô ma chère Zoé! & c'est
dans une maison, avec une parure, qui
m'annoncent que vous ne manquez de
rien ! Ah ma Zoé! ah ma fille ! que j'ai
versé de larmes, depuis l'instant où je t'ai
perdue ! A ce même instant , où tu m'as
fui, où tu t'éloignais de moi, comme d'un
vil corrupteur, j'apprenais que je suis
ton père !... Oui, c'est un père tendre
& que le remords dechire , que tu retrou-
ves en moi; un père qui se reprochait ta
perte, & s'accusait de parricide—! En
disant ces mots, que des larmes sincères
accompagnaient, le Financier (car c'était
lui), pressait contre son cœur Zoé inter-
dite. —J'ai tout appris (continua-t-il); &
la manière dont tu fus élevée ; & la conduite que tu as menée chés la femme
qui t'avait recueillie chés elle , après la
mort de ta Mère ; & le desespoir si tou

chant que tu fis éclater dans votre ancienne demeure. Chère Zoé, je n'ai pas
d'autre enfant que toi ; si tu ês ici l'é-
pouse d'un Parent de la maison, comme
il me le paraît, je me charge de la fortune de ton Mari ; tous mes biens seront
un jour à toi. C'est par-là que je veux
reparer les torts que j'eus avec ta Mère,
avec toi, ma Fille : je vous ai cruellement abandonnées ; je dois être un mons-
tre à tes yeux, & non pas un père :
mais la nature offensée n'est pas éteinte
dans ton cœur par mes torts ; tu me les
pardonneras ; tu m'avoueras pour ton
père ; je te le demande . . . . .——. A son
action Zoé devina ce qu'il alait faire :
elle se jeta dans ses bras, en lui disant.
——Mon Père ! . . . Ah ! si Maman vivait
encore ! . . Mon Père, reprenez tous vos
droits sur moi . . . . Cependant (ajouta-t-
elle aussitôt) il faut me laisser ici . . .

» Le Marchand & son Épouse furent
aisément au-fait, puisqu'ils savaient toute
l'histoire de Zoé. Ils dirent au Père de
cette aimable Fille, qu'elle n'était pas ma-

Q 2

riée , comme il l'avait presumé ; que cependant , ils ne pouvaient la lui remettre qu'après des affurances , inutiles pour
eux , qui voyaient bien qu'il n'en im-
pofait pas , mais neceffaires pour le monde , & pour conferver fans tache la reputation d'une Jeune-perfonne dont ils
étaient chargés. —*Chargés* , dit le Père
de Zoé ! & par quî ? —Par celui (repon-
dit-on) fans quî votre charmante Fille
était peut-être perdue , foit par fon defefpoir , foit par la mechanceté des autres. —Ah ! vous avez raison , dit le Financier ; & fes droits font plus facrés
que les miens : je ne demande que de le
connaître , & d'être à-portée de lui temoi-
gner ma vive reconnaiffance—.

» Comme il parlait encore , le Chevalier des Lys parut. —Voila , monfieur ,
(dit le Marchand au Financier) celui qui
vous a confervé la plus meritante des
Filles—. Le Père de Zoé courut fe jeter
fans-façons au cou du Prince : —Je vous
dois plûfque la vie , plûfque les richeffes
& l honneur (lui disait-il) ; tout cela eft

à vous, puisque vous avez sauvé ma Fille : Parlez ; si vous aimez Zoé, & que votre fortune ne vous ait pas permis de songer au mariage, je vais lever l'obstacle ; faut-il un million, faut-il tout ce que je possede——? En tenant ce discours, il regardait à-peine le Prince, qu'il tenait embrassé. L'Amant de Zoé, qui le connaissait, & qui en était connu, cherchait à se debarrasser ; mais il n'en eut pas le temps. Le Financier l'envisageant pour-lors, il remit le Prince, & prenant un air respectueux : —Qu'ai-je à vous offrir, monsieur (lui dit-il) ? depuis long-temps ma fortune, & tout moi-même sont à vous——. Zoé remarqua ce changement de ton : elle pria le Prince & son Père de passer dans la pièce d'à-côté. —Mon Père (dit-elle au Financier), expliquez-moi la surprise que je vois dans vos regards ? —De *la surprise*, ma Fille ! je n'en marque aucune ! —Zoé n'en sera pas la dupe, monsieur (dit le Prince); il faut l'instruire. —Vous le permettez, Monseigneur ? —Je m'en charge moi-même,

(interompit le Prince) : Mademoiselle
je suis le D * *. . . Il falait ce titre pour
être digne d'aimer Zoé——. Cette charmante Fille ne devait pas être surprise ;
puisqu'elle savait deja le secret de son A-
mant ; cependant elle fut ravie, enchan-
tée, comme s'il le lui avait appris. ——Mon
Prince (repondit-elle) je suis instruite depuis quelques jours, & le respect n'a pas
nui à la tendresse : au-contraire, je me
disais à moi-même : *Mille Beautés bri-*
guent sa conquête, & c'est à moi qu'il s'est
fixé ! il me préfere, lorsqu'il peut choisir
par-tout ! que cette idée est flateuse ! Il
n'est pas comme les autres hommes, dont
me parlait Maman : aussi je veux l'aimer
de toute mon âme, mais comme il m'aime ;
je lui veux être soumise, lui obéir, être tou-
jours prête à me sacrifier à son bonheur, à
sa tranquilité : je lui dois tout ; & c'est une
dette bien douce à payer, que de lui tout
immoler ! ——Zoé (lui dit le Prince) ma
tendresse n'a pas cessé un moment de s'ac-
croître ; & cependant nous n'avons rien
à nous reprocher. Mais vous m'avez fait

jouir d'une felicité, que je ne connaiſ-
fais pas, & que la vertu même ne peut
qu'applaudir. Vous retrouvez un Père ;
je ne vous ſuis plus auſſi neceſſaire qu'auparavant ; je vais me rendre tout-entier
à mon Épouſe, & tâcher de former ſon
cœur ſur le modèle du vôtre ; vous m'a-
vez appris à aimer & à l'être... Mais,
ma Zoé, je ne vous quitte pas ; vous ſerez toujours mon Amie. Et pour que les
choses ſoient égales entre nous, je veux
vous marier ; je le veux..., & qu'un
rang diſlingué vous conſole, en vous
rapprochant de moi... La Princeſſe, mon
épouſe, eſt enfin dans l'état que toute la
Nation desirait : je vous avoûrai qu'elle
a ſurpris votre portrait ; il l'a inquiétée :
j'ai dit la verité. Elle a demandé votre
mariage, & je l'ai promis ;.. j'ai promis
que vous n'hesiteriez pas——.........
——Non, mon Prince (interompit Zoé),
& peu m'importe à quî vous me don-
niez : je vous obéis ; je vous ſacrifie mon
exiſtance, & c'eſt tout pour moi——...

» Que dirai-je de plus ? Zoé ſe maria ;

je tais le rang qu'elle tint dans le monde.
Elle fut cherie du Prince, de la Prin-
cesse elle-même ; & les aima presque tous
deux également. Mais elle jouit trop peu
d'un sort si glorieux. La mort les lui enleva, ainsi qu'à la Nation dont ils étaient
adorés. On dit que la tendre Zoé ne put
leur survivre (20) ».

Voila ce que j'ai cru pouvoir intituler,
Les Coups-de-théâtre ; & vous avez du en
remarquer au-moins quatre dans cette
Histoire.

(20) Il y a toute apparence que cette passion du
G. D. fut la seule veritable qu'il ait eu ; & que c'est
par cette raison qu'il parut inconstant avec toutes ses
autres Maitresses.

Deschamels

Deſchamels paraiſſait tranſporté de plaiſir durant cette lecture ; il avait les larmes aux yeux quand je l'eus achevée : —Voila, voila (ſ'écriait-il) des Hiſtoires telles que les Jeunes - perſonnes en devraient lire——!

Pour tenir Deſchamels occupé , tandis que je ſerrais mon manuſcrit, je lui dis, de l'air le plus myſterieux qu'il me fut poſſible, que je connaiſſais les maſques de cette Avanture ; & que ſous le nom de Zoé, on avait caché la belle mademoiſelle De la F··, depuis Comteſſe du R··, dont B···-Rab·· nous a donné (lui diſais-je) une Hiſtoire abſolument fauſſe , & dictée par un eſprit ſatyrique. J'ajou-tai, qu'il était abſurde que cette belle Dame eût donné dans les écarts dont parle cet Auteur , & notamment qu'elle eût eu l'intrigue qu'il lui prête avec un Chef-d'office du Duc ſon ſon père—. Deſchamels m'embraſſa de joie, de me voir venger ainſi l'innocence outragée de la Maitreſſe d'un grand Prince. Mais ſi les éloges que le Pere donnait à mon Hiſto-

riette pouvaient me paraître suspects,
ceux de la Fille, qui la trouva très-inte-
reſſante, me flataient infiniment : il n'y
a point d'Amant qui ne ſoit charmé que
ſa Maitreſſe lui trouve autant d'eſprit que
d'amour.

Comme j'avais remis mon manuſcrit
dans ma poche, il n'en fût plus queſtion.
L'on ſervit ; & le complaisant Deſchamels voulut bien que je ſoupaſſe avec ſa
Fille. Je devais partir dans deux jours ;
cette faveur lui parut ſans conſequence.
Nous fumes de la plus belle-humeur du
monde ; nous dimes mille jolies choses ;
nous chantames, & je m'enflâmai de plûs-
en-plûs. Je fus pourtant ſi bien le maître
de mes yeux & de ma langue, que Deſchamels, qui examinait juſqu'à mes geſtes,
ne vit rien qui pût troubler ſa ſecurité.
Charmé de ma diſcretion & du reſpect
que j'avais pour l'hoſpitalité, il me con-
duisit dans ma chambre, & me renou-
vela cent fois les proteſtations d'amitié
les plus empreſſées. Je lisais dans ſes
yeux que ſon ſecret lui pesait, & qu'il

mourait d'envie de s'en soulager, en
m'en faisant confidence ; mais j'éludai la
chose adroitement. ——Au nom de Dieu
(lui dis-je) ne me laissez plus voir Placidie : jusqu'ici je me suis defendu de ses
charmes en brave homme ; mais outre que
j e ne vous promets pas d'avoir toujours la
même force & le même courage, je veux
bien vous avouer que je suis d'une vanité & d'une indiscretion horribles ; si je
venais à l'aimer je ne pourrais m'empêcher de le lui dire, même devant vous ;
& si je fesais la moindre impression sur
elle , rien au monde ne pourrait m'empêcher de m'en glorifier : cette maudite de-
mangeaison de parler dans mes bonnes-
fortunes , m'en a fait perdre plus de mille :
mais tel est mon caractère ; je ne croi-
rais pas être heureux, si mes Amis igno-
raient à quel point je le suis——. Il se le
tint pour dit , & se retira , en me sou-
haitant le bon-soir.

J'avais mes vues en lui parlant de la
sorte : il était bon de lui faire prendre
de moi cette mauvaise opinion , afin

R 2

que me croyant un inconsideré, il fût
moins surpris de quelques traits de vivacité, s'il m'en échappait auprès de Placidie (supposé qu'il me permît de la voir
encore). Lorsqu'on veut tromper quelqu'un, il faut, autant qu'on peut, le mettre hors de defiance : une circonspection
trop soutenue paraît affectée, & ce n'est
pas toujours par les mesures les mieux
prises qu'on reüssit.

Dès que je fus seul, je songeai serieu-
sement à ce que je devais faire pour me
rendre heureux. Mon imagination se trouvait en defaut. Je roulai dans ma tête
mille desseins dont l'execution était im-
possible ou dangereuse ; je voulais une
chose, j'en voulais une autre, je les voulais toutes ensemble ; de manière qu'à
force d'en vouloir, je n'en choisissais pas
une. Le jour vint ; & je ne me levai pas
moins irresolu que lorsque je m'étais
couché.

Un moment après, Deschamels entra
dans ma chambre tout effrayé. —Monsieur D'Yran (me dit-il), quoique vous

m'ayiez dit hièr de votre indiſcretion,
je vous crois un homme ſage , & je vais
vous donner une marque eſſencielle de la
confiance que j'ai en vous. M. le Duc de
Baviere (21) (continua-t-il) vient aujour-
d'hui ſur ma terre : je n'en ſuis pas connu :
peut-être ne ſ'arrêtera-il pas chés moi ;
peut-être même ne ſait-il pas ſi j'ai une
Fille : mais peut-être auſſi qu'il le ſait , &
que cette chaſſe ne ſ'eſt projetée que
pour venir dans ma maison , ſous prétexte
de ſ'y delaſſer ; mais en-effet , pour voir
Placidie. Je connais quelques-unes de
ſes avantures ; ſ'il la voit , je ne ſaurais
douter qu'il n'en devienne amoureux ; &
je ſerais un homme deseſperé. Habillez-
vous , je vous prie ; j'eſpère que vous
me ferez l'amitié de conduire Placidie
chés ce bon Gentilhomme avec lequel
nous avons ſoupé il y a quelque temps.

---

(21) Frère de madame la Dauphine , femme de
Monſeigneur : ce Duc était alors ami de la France ;
mais il changea dans la ſuite ; & la Dauphine lui
ayant écrit ce qui ſe decidait contre lui dans le
Conſeil , ſ'attira bien des chagrins.

R 3

Je compte fur fa prudence & fur celle de
fa Femme ; fa maison n'eft qu'à trois pe-
tites lieues de la mienne ; ma Fille eft
prête, & ma chaise vous attend——.

Je ne raisonnai pas beaucoup fur la
proposition de Deschamels ; elle m'était
trop agreable pour ne la pas accepter. Je
lui dis neanmoins, en plaisantant, qu'en
voulant faire éviter un danger à Placidie,
il m'en fesait courir un bien plus grand,
& qu'il falait qu'il fût bien de mes amis
pour que je m'y exposaſſe.——Depêchons-
nous (interompit Deschamels) : il me
tarde que vous ne foyiez partis. Le Duc
de Bavière ne fera peut-être que paſſer ;
en ce cas-là je vous manderai de revenir
ce foir, ou j'irai moi-même vous chercher——.

Il me fesait un double plaisir : j'aimais
fa Fille ; il m'était bien doux d'être tête-à-
tête avec elle pendant trois lieues de chemin : outre cela, je commençais à me fentir
capable de jalousie, & je fus charmé que
le Duc de Bavière ne pût la voir : je connaiſſais ce Prince ; &, pour parler ingenû-

ment, la facilité que j'avais trouvée à me faire aimer de Placidie m'effrayait un-peu.

Cette idée s'effaça dès que je fus seul avec elle. L'occasion était favorable ; on croira sans-doute que nous en fimes un bon usage : point-du-tout. Charmés du plaisir de nous voir en liberté, nous ne pensames qu'à nous faire des protestations de tendresse & de fidelité, sans songer à prendre des mesures : nous esperions que Deschamels ne viendrait point, que nous retournerions encore seuls, & que nous pourrions faire un meilleur usage de notre temps.

Nous fumes très-bien reçus par monsieur & madame de Carlière (c'était le nom de ce respectable Gentilhomme.) Après les premiers complimens, l'Ami de Deschamels voyant que sa Femme s'entretenait avec Placidie, me tira à-part. —Il faut (dit-il) que vous ayiez enchanté mon soupçonneux Ami ; sans cela, je le connais, il ne vous eût jamais confié sa Fille ; à vous, monsieur, qui paraissez un Cavalier redoutable : mais

(continua-t-il) sans approfondir d'où vient votre bonheur, je vous en felicite : vous avez un cœur & des yeux, & sans doute vous aimez Placidie. Je ne suis plus à votre âge (j'ai même à-peu-près celui du Roi) ; cependant si je pouvais prétendre à la main d'une aussi belle fille, je ne crois pas que je pusse defendre mon cœur. Je craignis que Carlière ne me tendît un piége ; je contrefis le Caton ; & je lui persuadai si bien que j'étais sincèrement ami de Deschamels ; que j'estimais Placidie, mais que je ne sentais rien d'avantage pour elle, & que je mourrais plutôt mille fois que d'avoir la lâcheté d'abuser de sa confiance, qu'il ne m'en parla plus, & me regarda comme un homme formé de quelque glaçon du mont Caucase.

Nous étions dans les premiers jours d'Avril ; la nature commençait à renaître, après les ravages affreux de ces froidures excessives & inouïes, qui semblaient avoir conjuré la ruine du genre humain (22) ;

---

(22) En 1709.

il fesait affés beau ce jour-là ; Carlière
nous proposa d'aler faire un tour de pro-
menade dans fon jardin. A-peine étions
nous fur la terraffe, qu'on entendit un
grand bruit de cors & de chiens, & que
nous vimes paraître monfieur le Duc de
Bavière avec toute fa fuite. Madame de
Carlière, furprise de cette arrivée impré-
vue, n'eut pas le temps de cacher Placidie ; & nous fumes tous fi deconcertés,
que ce Prince avait deja demandé deux
ou trois fois qui était cette belle Perfonne,
fans qu'on lui eût repondu. Carlière, à
qui c'était à le faire, paraiffait dans un
embarras étrange : dire que c'était fa Fille,
il n'y avait pas d'apparence ; il était
connu de la plupart de ceux qui étaient
avec le Duc, & l'on favait bien qu'il n'en
avait pas : avouer que c'était la Fille de Defchamels, il trahiffait fon Ami. Enfin prenant fon parti fur-le-champ, il dit au
Prince, qu'elle était la femme du Gentilhomme que Son Alteffe voyait dans le jardin, & que nous étions venus tous deux
lui rendre visite. Je fus fur-le-point de le

dementir, tant je voyais d'inconveniens dans le perſonnage que j'alais être obligé de jouer : mais ayant fait reflexion que ſi Placidie n'était pas ma femme, elle pourrait bien le devenir, & tirant un bon augure de ce que de-Carlière venait d'avancer, je m'approchai du bord de la terraſſe, & fis une profonde reverence au Duc de Bavière, qui ne ſ'en aperçut pas d'abord, tant il était occupé de Placidie : Mais ayant jeté les yeux ſur moi ; —Quoi ! D'Yran (me dit-il) c'eſt toi ? Je ne te croyais pas marié, & moins encore poſſeſſeur de la plus belle Femme de France ; je t'en fais compliment, & prens part à ton bonheur—. Là-deſſus il deſcendit de cheval. La terraſſe dominait ſur la campagne ; Carlière ouvrit une porte qui y donnait, & le Duc entra. J'étais dans des tranſes mortelles qu'il me falait renfermer au fond de mon cœur. Placidie me raſſura ; elle ſe demêla de toutes ſes douceurs, & de toutes ſes cajoleries avec un eſprit & une modeſtie qui me charmèrent, & qui me rendirent la vie.

De Cartière était le Gentilhomme de la Province qui avait le meilleur vin ; il pria le Duc de lui faire l'honneur de ſe rafraîchir dans ſa maison. Il fut exaucé ſur-le-champ ; & le Prince après avoir reſté plus d'une heure avec nous , & ſ'être rempli le cœur de tous les charmes de Placidie, qu'il combla de louanges , remercia Carlière de ſa bonne reception , monta à cheval, & m'ordonna de l'aler voir à Compiègne avant mon depart.

J'en reviendrai toute ma vie à dire, que l'on ne peut aler contre la deſtinée. Ce fut elle qui me conduiſit chés Deſchamels & qui , malgré toutes ſes précautions, me fit voir ſa Fille : ce fut ma deſtinée qui detruiſit les vaſtes deſſeins du Père de Placidie , en la rendant ſenſible à mon amour: ce fut ma deſtinée qui fit venir le Duc de Bavière chés Carlière : ce fut elle , en-un-mot , qui cauſa les évènemens qui me reſtent à decrire, & l'avanture la plus étrange qu'on puiſſe raconter.

Les Poëtes ont donné cent yeux &

cent bouches à la Renomée : ils devaient
encore lui donner un plus grand nombre
d'ailes, tant les mauvaises nouvelles
qu'elle publie volent avec rapidité !
Deschamels sut que le Duc de Bavière
avait vu Placidie, & il le sut presque
aussitôt que ce Prince fut arrivé chés de-
Carlière. Jamais douleur n'a été plus forte ; jamais frayeur n'a été plus vive que
la sienne. Enfin, prenant son parti sur-
le-champ, il resolut de venir chercher sa
Fille ; de la mettre dans un Couvent jusqu'à ce qu'il eût tout disposé pour son depart, qu'il se proposait d'avancer le plus
qu'il pourrait, & de me prier de me rendre à mon Regiment dès le lendemain.

Dans cette resolution, il fit seller un
cheval : par malheur il avait oublié quelque chose dans la chambre de Placidie,
il y ala. Le premier objet qui le frappa
en entrant, fut la cléf de son bureau ; la
précipitation avec laquelle elle était partie
le matin, la lui avait fait oublier. Deschamels, toujours defiant, voulut en parcourir tous les tiroirs : il n'ala pas loin

sans être payé de son indiscretion, & sans trouver ce qu'il ne cherchait pas. C'était une Lettre que j'avais écrite à Placidie ; elle servait de reponse à une des siennes : elle était intelligible, & n'avait pas besoin de commentaire : Je la remerciais de la bonté qu'elle avait eue de repondre à mes sentimens ; je l'exhortais à perseverer dans la resolution où elle était de me rendre heureux, & de consentir à tout ce qui ne blesserait pas sa vertu, pour se donner à moi : je la felicitais de n'avoir pas adopté les idées chimeriques de son Père, & de ne plus sentir de repugnance à le tromper : enfin, je me felicitais moi-même du bonheur de lui plaire ; & je finissais en l'assurant que, puisqu'elle partageait mon impatience, j'esperais que nous serions bientôt heureux.

Quel coup-de-foudre pour Deschamels ! il ne pouvait en croire ses yeux. Une autre Lettre de moi ne lui donna plus lieu de douter que je n'aimasse sa Fille, que je n'en fusse aimé, & que je ne susse tous ses secrets. Deja troublé de

la rencontre que le Duc de Bavière venait de faire de Placidie, il éprouva que
jamais un malheur n'arrive fans un autre:
mais le dernier lui parut le plus cruel.

Après s'être bien emporté contre Placidie & contre moi ; après m'avoir donné
tous les noms que mon procedé lui parut
meriter, il forma la resolution de tirer
vengeance de l'injure que je lui avais faite, quelque peu d'égalité qu'il y eût entre
un homme de près de foixante ans, & un
autre qui n'en avait pas encore trente. A
toute cette colère, fucceda une triftefle & un
accablement qui le rendirent immobile :
il fit neanmoins un effort fur lui-même;
pour monter à cheval, & nous le vimes
arriver fi pâle & fi defait, qu'il en était me-
connaiffable : nous crumes Placidie & moi,
que l'avanture feule du Duc de Bavière en
était cause, & nous n'eumes garde de foup-
çonner que nous y euffions part.

Defchamels, incapable de fe contraindre,
me regarda d'un air irrité, que j'attribuai
uniquement à fon chagrin. Il me dit fè.he-
ment qu'il fe trouvait-mal, & qu'il me
priait de lui ceder ma place dans fa chai-

se. La demande était juste : je montai sur
son cheval , & nous partîmes tous trois
fort intrigués. Deschamels, qui était deses-
peré de ce qu'il venait d'apprendre de nos
affaires, soupirait à tout-moment ; Placidie, qui craignait que son Père ne lui fît
un crime de ce que le Duc de Bavière l'a-
vait vue , gardait un profond silence, &
n'ôsait jeter les yeux sur lui·; & moi , qui
m'étais flaté que je pourrais prendre avec
elle de justes mesures pour faire consentir
son Père à notre mariage , ou pour nous
unir sans sa participation, je n'étais pas
moins agité.

Nous arrivames. Deschamels se mit au
lit avec une grosse fièvre. Le lendemain son
mal devint plus violent ; & bientôt on des-
espera de sa vie. Il demanda M. de-Carlière ,
qu'on ala chercher sur le-champ , & qui
arriva le soir même. Le Curé, par l'avis du
Médecin, lui dit de se preparer à la mort,
& qu'il n'avait plus que quelques heures à
vivre. Il en reçut l'arrêt sans murmurer. Il
nous fit venir, Placidie & moi , auprès de
son lit , & , après que tout le monde, hors
de-Carlière , fut sorti de sa chambre , il

nous parla de la sorte. —Monsieur (me dit-il, d'une voix mourante), vous avez abusé de ma confiance & de mon amitié : mais, tremblez : j'avais consulté sur le sort de ma Fille un homme habile ; il m'a prédit sa destinée ; elle doit être aimée d'un Souverain, & en avoir un Fils. Ainsi, quoique ma mort semble lever tous les obstacles, vous n'en êtes pas encore où vous pensez.... Adieu Chevalier D'Yran : dans un autre temps je n'eusse pas borné mon ressentiment à de simples reproches——. Il se tut. Ce discours qui paraîtrait ridicule aujourd'hui, ne l'était pas dans la bouche de Deschamels, qui dans sa jeunesse avait vu les plus grâves Personnages croire à l'Astrologie judiciaire.

Cependant, j'étais alarmé comme malgré-moi. Je quittai Deschamels, qui parut le desirer. Je ne sais ce qui se passa durant mon absence ; mais le Père de Placidie m'ayant fait rappeler, je le trouvai si different de lui-même, que j'en fus étonné.

—Mon chèr D'Yran (me dit-il , un rayon de lumière vient de m'éclairer : je l'ai demandé à Dieu dans toute la sinceri-

té

té de mon cœur; il m'a exaucé, puisque je regarde les choses d'un autre œil que tantôt: ainsi, loin de m'emporter à présent contre vous, je vous fais mille remercîmens de m'avoir empêché d'executer les coupables desseins que j'avais sur Placidie. Vous savez, sans-doute, quels ils étaient ces desseins, extravagans à d'autres yeux que les miens. Je ne vous en parle pas. Je vais rendre compte à Dieu de mes actions; l'Être suprême, qui connaît les motifs de tout ce que font les hommes, me pardonnera ce qui ne m'était inspiré que par un desir outre mesure de voir ma Fille heureuse. Vous avez plu à Placidie. Tout me fait esperer qu'elle le sera avec vous; je vous la donne........ Et vous, ma Fille (poursuivit-il, en se tournant du côté de mademoiselle Deschamels), n'oubliez jamais un Père, que son amour pour vous aurait égaré, peut-être : ne suivez pas les conseils que j'avais eu l'imprudence de vous donner; il me semble en ce moment, qu'ils ne sont dignes que d'une âme servilement ambitieuse. Je mourrais inconsolable, si je croyais qu'ils eussent fait sur vous l'impression profonde dont je m'étais

1 Partie.   S

flaté. Brûlez-les, effacez-les de votre souvenir, reparez par votre vertu, par votre modestie, par votre fidelité, les idées profanes que j'ai voulu vous inspirer. Ma Fille, ensevelis dans un silence éternel ces funestes circonstances de ma vie ; purifie la mémoire de ton Père, des erreurs où il s'était abandonné.... Mon fils (ajouta t-il, en me prenant la main), car je ne dois plus vous traiter autrement ; je vous fais un présent en vous donnant Placidie, dont j'espère que vous me benirez le reste de vos jours. Aimez-la, & pour elle & pour moi ; elle merite votre attachement par sa beauté ; elle le meritera par sa conduite..... Recevez tous deux le dernier embraffement & la benediction de votre Père... Adieu..... Je fens que la mort s'approche. Laissez moi donner ces derniers momens aux pensées de de l'éternité——. Placidie était à genoux ; elle baisait la main de son Père, & tous-deux nous fondions en larmes. Deschamels, après s'être interompu pour nous considerer avec une sorte de satiffaction, continua : ——Carlière vous servira de père ; c'est un Ami fidèle & genereux ; il fait tous

mes secrets, & vous les apprendra. Adieu,
mes Enfans; soyez heureux.

Carlière était présent : il ne put proferer
une parole, tant il était saisi. Deschamels
se sentant affaiblir, & voyant que nos larmes l'attendrissaient, nous fit signe de
sortir : le Curé rentra auprès du Vieillard,
& Deschamels rendit l'âme entre ses bras.

Placidie, accablée de la plus vive douleur, se jeta sur le corps de son Père ; &
toutes nos instances ne pouvaient reüssir à
l'arracher de sa chambre. Loin de pouvoir
la consoler, j'avais moi-même besoin de
consolation. Je la remis entre les mains de
Carlière, qui l'emmena chez lui. J'ordon-
nais les funerailles de Deschamels, & dès
que je lui eus rendus les derniers devoirs,
je fus les rejoindre.

De Carlière commençant à user des droits
de père que Deschamels lui avait laissés en
mourant, me dit qu'il ne croyait pas que
je songeasse à épouser Placidie avant la fin
de la campagne ; que je ne pouvais pas lui
moins donner que quatre ou cinq mois pour
pleurer un Père ; qu'elle-même avait trop
de naturel, pour manquer au devoir de la

bienséance. Il me conseilla d'aler me mettre au plutôt à la tête de ma Compagnie. —A l'egard de vos affaires (ajouta t-il), j'en aurai soin comme des miennes——. Il m'apprit en suite que la terre où était mort Deschamels, n'était plus à lui : que meditant un voyage en Espagne ; il la lui avait vendue ; mais que si nous voulions la reprendre, il était tout près de nous la ceder. Il finit en me pressant encore de partir. Il me fit observer, que je courais risque d'être arrêté, ou de perdre ma Compagnie.

Si j'avais consulté mon cœur, j'aurais eu bien des choses à repondre à ces raisons. Mais enfin, quelle que fût ma passion pour Placidie, il falait accorder son devoir & le mien avec notre amour. Je dis à de-Carlière que je lui obeïrais, & que j'alais tout disposer pour mon depart. Inutile prevoyance des hommes! A combien peu tiennent les évènemens qui doivent nous rendre heureux ou malheureux !

Fin de la Première Partie.